JOSEF LANDOWSKY

SYMPHONIE EN ROUGE MAJEUR

Une radiographie de la révolution

OMNIA VERITAS

Josef Landowsky

Symphonie en Rouge Majeur

Une radiographie de la révolution

sur l'audition de l'ambassadeur soviétique Christian Georgijewitsch Rakowsky par les agents de la gpu, le 26 janvier 1938 par Kuzmin Gabriel G.

Titre de l'édition originale en espagnol *Sinfonia en rojo mayor* (chapitre XL. : *Une radiographie de la révolution*) de Josef Landowsky, traduction de Mauricio Carlavilla

Publié par
Omnia Veritas Ltd

OmniaVeritas

www.omnia-veritas.com

PRÉFACE 7

CHAP. XL 13
UNE RADIOGRAPHIE DE LA RÉVOLUTION 13

NOTE D'INFORMATION 33
COMPTE-RENDU D'INTERROGATOIRE DE L'ACCUSÉ CHRISTIAN GEORGIJEWITSCH RAKOWSKY PAR GAVRIIL GAVRIILOVITCH KUSMAIN, LE 26 JANVIER 1938 33

ÉPILOGUE 153

NOTE DE G. KNUPFER 159

JOSEF LANDOWSKY

PRÉFACE

Le traducteur de l'édition anglaise

Le texte de cet opuscule est la traduction du chapitre XI d'un livre qui fut publié à l'origine en espagnol aux Editions nos par Don Mauricio Carlavilla, à Madrid, en 1950, sous le titre de *Sinfonia in rojo major* (Symphonie en rouge majeur),[1] et qui depuis a connu onze éditions.

L'éditeur avait alors très aimablement accepté le projet d'une traduction en anglais, qui est sortie chez The Plain Publishing Company, 43 Bath road, Londres W4. Le chapitre extrait et présenté ici, en tiré à part, est de la plus haute importance et constitue à lui seul un document d'Histoire. Il a été traduit à partir du texte espagnol et du texte russe.

Dans un livre qu'il avait écrit et publié sous le titre de *The Struggle for World Power* (La lutte pour le pouvoir mondial), le traducteur anglais avait, lui aussi, traité de la question du gouvernement mondial et de la mise en esclavage du monde par ceux qui s'avèrent être à la fois les usuriers du

---

[1] Disponible chez Omnia Veritas Ltd. www.omnia-veritas.com (Note de l'éditeur).

Capitalisme et du Communisme terroriste, qui sont l'un et l'autre des instruments des mêmes forces et servent aux mêmes objectifs. Son livre parut également en espagnol, publié par la maison d'édition de Mr Carlavilla sous le titre : *La Lucha per il poder mundial.* Dans le texte présenté dans Symphonie Rouge, toute cette question est brillamment exposée et attestée par celui qui fut l'un des acteurs majeurs de la conquête subversive du monde, de son nom Christian G. Rakowsky, l'un des fondateurs du bolchevisme soviétique qui tomba victime d'un procès à grand spectacle juste avant la Deuxième Guerre mondiale sous le règne de Staline. C'est donc un document de grande importance historique, et quiconque s'intéresse à cette période ou au sujet évoqué ne saurait manquer d'en prendre connaissance : rester dans l'ignorance de la thèse exposée, c'est vouloir ne rien savoir ni rien comprendre des principaux événements de notre époque et de ce que l'on en doit attendre.

Dans l'édition espagnole, l'éditeur M. Carlavilla expose ainsi l'origine de ce document :

Il s'agit de la difficile traduction de plusieurs cahiers retrouvés sur le corps du Dr Landowsky, qui fut découvert mort dans une cabane sur le front de Petrograd (Léningrad) par un volontaire espagnol (un membre de la Légion Azul qui combattait le Bolchevisme aux côtés des Armées Allemandes au cours de la dernière guerre). Celui-ci nous les apporta. Mais dans l'état où se trouvaient ces manuscrits, leur restauration exigea un long et patient travail, qui demanda plusieurs années. Nous fûmes longtemps hésitants à décider de leur publication. Ses révélations finales étaient si extraordinaires et si incroyables que nous n'aurions jamais osé publier ces mémoires, si les personnages et les événements mentionnés n'avaient pas correspondu strictement aux faits réels.

Avant que ces souvenirs n'aient paru, nous nous étions préparés à avancer nos preuves et à répondre aux polémiques. Nous répondons totalement et personnellement de la véracité des faits essentiels relatés. Voyons si quelqu'un pourra les récuser, preuves à l'appui.

Le Dr Landowsky, l'auteur du manuscrit, était un Polonais russifié qui vécut en Russie. Son père, colonel de l'Armée impériale, fut fusillé par les bolcheviques au cours de la révolution de 1917. Une histoire de la vie du Dr Landowsky est étonnante. Il fit ses études de médecine en Russie avant la révolution, puis alla étudier deux ans en Sorbonne à Paris, et il parlait couramment le français. Il s'était spécialement intéressé aux effets des drogues sur l'organisme humain en anesthésiologie opératoire. Étant un brillant praticien, il mena des expériences dans ce domaine et avait fait d'importantes découvertes. Pourtant, après la révolution, toutes les avenues lui furent fermées. Il vécut avec sa famille dans le besoin, gagnant sa vie de petits travaux occasionnels. N'arrivant pas à publier ses travaux scientifiques sous son nom, il permit à des collègues plus en vue de les publier pour lui. Le N.K.V.D., la police secrète du régime soviétique, ubiquiste et toujours à l'affût, remarqua ces travaux et s'y intéressa, et elle découvrit facilement celui qui en était le véritable auteur. Sa spécialité s'avérait de grande valeur pour ces organes.

Un jour de 1936, on frappa à la porte du docteur. Quelqu'un l'invita à le suivre, et dès lors il ne devait plus jamais revoir sa famille. On l'installa au siège des laboratoires de chimie du N.K.V.D. près de Moscou, et il vécut là, forcé d'y mener divers travaux qui lui furent confiés par ses maîtres, d'assister comme témoin à des interrogatoires, des séances de tortures, des situations des plus terribles et à des crimes. Par deux fois, on l'emmena à l'étranger, mais toujours étroitement surveillé comme un prisonnier. Il connut beaucoup de choses et souffrit beaucoup, d'autant plus qu'il était un homme pudique et religieux. Mais il eut le courage de noter tout ce qu'il avait vu et entendu, et de conserver ces notes, ainsi que — dans la mesure du possible — copie des documents et lettres qui passaient entre ses mains, cachant tout dans les pieds creux de sa table, au laboratoire de chimie. C'est ainsi qu'il vécut pendant la Deuxième Guerre mondiale. Comment arriva-t-il finalement à Petrograd et comment il y fut tué demeure un mystère.

Le document présenté est l'extrait d'un interrogatoire, de celui qui avait été l'ambassadeur des Soviétiques en France, C. G. Rakowsky, enregistré lors des procès des trotskystes en U.R.S.S., en 1938, lorsqu'il fut inculpé avec Boukharine, Rykof, Yagoda, Karakhan, le Dr Lévine et d'autres. L'accusé ayant fait clairement comprendre qu'il pouvait faire des révélations sur des sujets du plus haut intérêt, comptant que cela pourrait lui valoir la vie sauve, Staline avait alors commandé à l'un de ses agents étrangers de mener l'interrogatoire. On sait que Rakowsky fut condamné comme ses coaccusés à être fusillé, mais que sa peine fut finalement commuée en vingt ans de prison.

Très intéressante est aussi la description de l'agent en question.

C'était un certain René Duval (connu également sous le nom de Gavriil Gavriilovitch Kus'min — Gabriel en français), le fils d'un millionnaire, un homme intelligent et de très bonne présentation. Il avait fait ses études en France. Sa mère, une veuve, l'adorait. Mais jeune homme il avait été dévoyé par la propagande communiste, et il était alors tombé aux mains de leur agence. Les responsables de celle-ci lui suggérèrent d'aller étudier à Moscou, proposition qu'il avait acceptée complaisamment. Il passa par la dure école du N.K.V.D. et devint agent étranger, et lorsqu'il voulut se raviser, il était trop tard : ils ne laissent jamais partir quelqu'un tombé entre leurs mains. Par l'exercice de la volonté, il atteignit « aux faîtes de la puissance du mal », comme il l'appela, et il jouît de la pleine confiance de Staline en personne.

L'interrogatoire fut conduit en français. Le docteur était présent aux fins de droguer Rakowsky en mettant dans son verre à son insu des pilules stimulantes et à effet euphorisant. Derrière la cloison, un magnétophone enregistrait la conversation, mais le technicien chargé de l'appareil ne comprenait pas le français. Le Dr Landowsky eut ensuite à traduire l'interrogatoire en russe et à en tirer deux exemplaires, respectivement pour Staline et l'agent Gabriel. Secrètement, le docteur eut l'audace d'en faire une troisième copie carbone et de la cacher.

G. Knupfer

Chap. XL

Une radiographie de la révolution

Je suis revenu au laboratoire. Mon état nerveux m'inquiétait et je me suis astreint à un repos complet. Me voici au lit presque toute la journée. Ici je suis pratiquement seul depuis quatre jours. Gabriel a fait demander de mes nouvelles chaque jour. On l'a fait comptable de mon état. À la seule pensée qu'ils pouvaient m'envoyer de nouveau à la Loubianka de Moscou (la direction centrale de la police secrète) pour assister à une nouvelle scène de terreur, je suis pris d'angoisse et je tremble. J'ai honte d'appartenir à l'espèce humaine. Que l'homme est tombé bas, et comme je suis tombé bas moi-même !

Ces quelques lignes sont tout ce que j'ai pu écrire en cinq jours après mon retour de la Loubianka, essayant de coucher sur le papier l'horreur, et interrompant donc l'ordre chronologique de mes notes, mais je n'ai pu écrire. Ce ne fut qu'après plusieurs mois, au début de l'été, que je pus enfin calmement et simplement rédiger tout ce que j'avais vu de révulsant, de vicieux, d'abominable ...

Au cours des derniers mois, je me suis posé mille

fois la même question : « Qui étaient ces gens, qui assistaient anonymement aux séances de tortures ? » J'ai tendu à l'extrême toutes mes capacités inductives et déductives.

Était-ce Ezhov ? C'est possible, mais je ne vois pas la raison pour laquelle il se serait caché. Il est officiellement le responsable, et la crainte qui l'a fait se cacher n'a donc aucune raison logique. Bien plus, si j'ai quelque raison de me décrire comme un psychologue, alors ce fou, le chef du N.K.V.D., qui manifeste des symptômes d'un anormal, aurait certainement plaisir à assister à une scène criminelle. Des traits comme son arrogance devant un ennemi humilié, qui psychologiquement et physiquement avait été réduit à l'état d'épave, lui auraient certainement donné un plaisir malsain.

Je poussais encore un peu plus mon analyse. L'absence de toute préparation avait été évidente : manifestement la décision de tenir cette séance satanique avait été prise à la hâte. Le fait que ma présence avait été requise avait résulté d'un accord subit. Si Ezhof avait été à même de choisir librement le moment, les préparatifs auraient alors été effectués en temps voulu, et dans ces conditions je n'aurais pas été invité ; il y avait aussi le fait que le général du N.K.V.D. qui eut du mal à arriver à temps pour assister aux tortures aurait dans ce cas été informé de la séance à l'avance. Si donc ce n'était pas Ezhof, qui donc avait décidé de l'heure ? Quel autre chef avait le pouvoir de décider de tout ? Quelque médiocres que pouvaient être mes connaissances de la hiérarchie soviétique, au-dessus d'Ezhof dans les questions concernant le N.K.V.D., il n'y en avait qu'un : c'était Staline. Alors c'était donc lui qui était là ? ...

En me posant ces questions qui montaient de mes déductions, il me revint cependant encore d'autres faits qui venaient à l'appui de cette idée. Je me souvenais que lorsque je regardai de la fenêtre sur la place, quelques minutes avant que nous eûmes à descendre pour le « spectacle », je vis se ranger là quatre grosses voitures, toutes quatre identiques : or nous tous soviétiques, nous savons que Staline voyage au milieu d'une caravane de voitures identiques de façon que personne ne sache jamais dans laquelle il se trouve, afin de rendre les attentats plus difficiles. Était-il donc là alors ? ...

Mais un nouveau mystère me frappa l'esprit : d'après les détails que Gabriel m'avait fournis, les observateurs cachés devaient être assis dans notre dos. Mais là, je n'avais vu qu'une grande glace à travers laquelle on ne pouvait rien voir. Peut-être était-elle sans tain ? Cela m'intriguait.

Sept jours passèrent, lorsqu'un matin Gabriel parut chez moi. Je lui trouvai une allure dynamique et enthousiaste ; il était ce jour-là d'humeur optimiste. Mais les éclairs de bonheur qui avaient illuminé son visage à son arrivée ne reparurent plus ensuite. Il me sembla que, par la suractivité et en s'occupant l'esprit, il voulait chasser les nuages qui passaient sur son visage.

Après le déjeuner, il me dit :

- Nous avons un invité ici.
- Qui est-ce ? demandais-je.
- Rakowsky, l'ancien ambassadeur à Paris
- Je ne le connais pas ...
- C'est l'un de ceux que je vous ai désignés l'autre soir ; c'est l'ancien ambassadeur à Londres et à Paris ... naturellement il était un grand ami de votre connaissance Navachine ... Oui, cet homme est entre mes mains. Il est ici avec nous ; il est bien traité et l'on s'occupe bien de lui. Vous le verrez bientôt.
- Moi, et pourquoi ? Vous savez bien que je n'ai aucune curiosité sur ce genre de sujets ... Je vous demande de m'épargner sa vue ; je ne me sens encore pas bien après ce que vous m'avez forcé de voir. Je ne peux garantir mon état nerveux et cardiaque.
- Oh, ne vous inquiétez pas. On ne nous demande pas d'actes de force. Cet individu a déjà été brisé. Non, pas de sang, ni de force. Il s'agit seulement de lui donner des doses modérées de drogues. Voici, je vous ai apporté quelques instructions détaillées, elles sont du Dr Lévine qui nous sert encore par son savoir. Apparemment, il y a quelque part au laboratoire une certaine drogue qui peut faire des merveilles.

– Vous croyez dans tout cela ?
– Je parle symboliquement. Rakowsky tend à avouer tout ce qu'il sait sur l'affaire en question. Nous avons déjà eu un entretien préliminaire avec lui, et les résultats n'ont pas été mauvais.
– Dans ce cas, quel besoin d'une drogue miracle ?
– Vous verrez, docteur, vous verrez. C'est une petite mesure de sécurité dictée par l'expérience professionnelle de Lévine. Cela aidera à obtenir que celui que nous interrogerons se sente plein d'optimisme et ne perde pas espoir et foi. Qu'il puisse déjà entrevoir un espoir lointain et une chance de sauver sa vie. C'est le premier effet à atteindre. Ensuite nous aurons à nous assurer qu'il demeure en permanence dans cet état, où il se sente comme vivant un moment heureux et décisif, mais sans qu'il perde ses capacités mentales : plus exacte ment, il faudra même les stimuler et les aiguiser. Comment dire encore ? Plus précisément, il s'agit d'obtenir un état de stimulation éclairée.
– Une sorte d'état d'hypnose ?
– Oui, mais sans assoupissement.
– Et je dois inventer une drogue pour tout cela ? Je crois que vous vous exagérez mes talents scientifiques. J'en suis incapable.
– Mais il n'y a rien à inventer, docteur Lévine assure que le problème a déjà été résolu.
– Il m'a toujours laissé l'impression d'être une

espèce de charlatan.
– C'est probable, mais je crois que la drogue qu'il a mentionnée, même si elle n'est plus aussi efficace qu'il prétend, nous aidera quand même à obtenir ce qu'il nous faut. Après tout, nous n'attendons pas un miracle. L'alcool, malgré nous, nous fait dire des bêtises : pourquoi une autre substance ne parviendrait-elle pas à nous encourager à dire raisonnablement la vérité ? En outre, Lévine m'a parlé de cas précédents, qui semblent vrais.
– Pourquoi alors ne le forcez-vous donc pas à s'occuper de cette affaire une fois de plus ? Est-ce qu'il refuserait d'obéir ?
– Oh non ! Bien au contraire : il suffit de vouloir sauver sa vie ou la prolonger en rendant ce service ou un autre pour ne pas vouloir refuser, mais c'est moi, c'est moi-même qui ne veut pas user de ses services. Il ne doit rien entendre de ce que Rakowsky me dira. Ni lui, ni personne ...
– Par conséquent ni moi non plus ...
– Vous, docteur, c'est différent. Vous êtes quelqu'un de profondément droit.
– Je vous remercie, mais je pense que mon honnêteté ...
– Oui docteur je sais, je sais ; vous dites que nous prenons avantage de votre honnêteté pour nous livrer à toutes les dépravations. Oui docteur, c'est ainsi mais ce n'est ainsi que de votre point de vue absurde. Et qui est attiré

aujourd'hui par les absurdités ? Par exemple, par une absurdité comme votre honnêteté ? Vous vous arrangez toujours pour détourner le fil de la conversation vers les sujets les plus intéressants. Mais qu'est ce qui arrivera en fait ? Vous devrez seulement m'aider à donner les doses correctes de la drogue de Lévine. Il semble que dans la posologie, il y ait une ligne invisible qui sépare le sommeil de l'état d'activité intellectuelle, la condition de clarté d'esprit, de la phase de brouillard, le bon sens, de l'état de divagation ... Il s'agit de créer une sorte d'enthousiasme excessif artificiel.

— Est-ce tout ?
— Encore une chose. Maintenant parlons sérieusement. Étudiez les instructions de Lévine, réfléchissez-y, et adaptez-les raisonnablement à l'état et aux forces du prisonnier. Je vous laisse pour cela jusqu'à la tombée de la nuit. Vous pouvez examiner Rakowsky autant que vous le voulez. Et c'est tout pour le moment. Vous ne pouvez pas savoir quel terrible besoin j'ai de dormir. Maintenant je vais aller dormir quelques heures. Sauf événement extraordinaire d'ici ce soir, j'ai donné des instructions pour qu'on ne me réveille pas. Je vous conseille aussi de faire une bonne sieste après dîner, parce qu'après, on ne pourra plus dormir pendant un long moment.

Nous passâmes au vestibule. M'ayant laissé, il

monta rapidement les escaliers, mais parvenu au milieu, il s'arrêta.

> – Ah ! docteur, s'exclama-t-il, j'avais oublié. Le camarade Ezhof vous envoie ses remerciements. Attendez-vous à un cadeau, peut-être une décoration. Il me dit au revoir, et rapidement il disparut dans l'escalier aboutissant au dernier étage.

Les notes de Lévine étaient brèves, mais claires et précises. Je n'eus aucune difficulté à trouver le médicament. Il se présentait en doses d'un milligramme sous forme de petits comprimés. Je fis un essai selon la méthode qu'il recommandait : ils se dissolvaient très facilement dans l'eau et mieux encore dans l'alcool. La formule du produit n'était pas indiquée, et je décidai d'en faire l'analyse plus tard, quand j'aurai le temps. C'était sans aucun doute une substance en provenance du spécialiste Lümenstadt, ce savant dont Lévine m'avait parlé lors de notre première rencontre. Je ne m'attendais pas à y découvrir à l'analyse quoi que ce soit d'inattendu ou de nouveau. Il s'agissait probablement d'une base quelconque mélangée avec une quantité importante d'opiacé d'une espèce plus active que la thébaïne. J'en connaissais bien les dix-neuf principales variétés et quelques autres en sus. Dans les conditions dans lesquelles mes expériences avaient lieu, je me satisfaisais des faits que mes investigations avaient pu recueillir. Bien que mes travaux aient eu une direction tout à fait différente, je me trouvais cependant en pays de connaissance dans le domaine des substances hallucinatoires. Je me souvenais que Lévine m'avait parlé de la distillation de certains types rares de chanvre indien. Il fallait donc que je m'occupe d'opium ou de haschisch pour pénétrer les secrets de cette drogue si appréciée. J'aurais été heureux d'avoir la chance de découvrir une ou plusieurs bases nouvelles qui eussent développé leurs « miraculeuses » propriétés. J'étais prêt à penser que cela devait en principe être possible. Après tout, le travail de recherche dans des conditions illimitées de temps et de moyens, qui était précisément possible en travaillant pour le N.K.V.D., devait offrir des possibilités scientifiques également illimitées, et je me flattais de l'illusion de pouvoir découvrir à l'issue de ces recherches une nouvelle arme dans mon combat scientifique contre la douleur.

Je ne pus consacrer bien longtemps à la diversion que donnaient ces rêves agréables. Je dus me concentrer afin de réfléchir à la manière et aux proportions dans lesquelles donner cette drogue à Rakowsky. D'après les instructions de Lévine, un comprimé devait suffire à obtenir le résultat désiré. Mais il indiquait que si le patient présentait une certaine faiblesse cardiaque, un assoupissement pouvait s'en suivre et même une complète léthargie, avec pour conséquence un obscurcissement mental. Compte tenu de tout cela, il me fallait d'abord examiner Rakowsky.

Je ne m'attendais pas à trouver son cœur en parfaite condition. Même s'il ne présentait pas d'anomalie pathologique, il présenterait certainement une baisse de tension compte tenu de ses épreuves nerveuses, car son système cardio-vasculaire n'avait pu demeurer insensible à la longue et terrifiante séance de tortures qu'il avait subie. Je repoussai l'examen du patient à l'après-déjeuner. Il me fallait d'abord tout considérer, soit que Gabriel veuille donner la drogue à Rakowsky à son insu, soit au contraire avec sa pleine connaissance. Quoi qu'il en soit, ce serait à moi de m'en occuper en ce sens qu'il me reviendrait de lui donner moi-même la drogue dont on m'avait parlé. Il n'y avait aucun besoin de la participation d'un infirmier, puisque la drogue était administrée par voie orale.

Après le déjeuner, je rendis visite à Rakowsky. Il était enfermé dans une cellule au rez-de-chaussée sous la surveillance d'un gardien qui ne le quittait pas des yeux. La pièce était seulement meublée d'une petite table, d'une couchette étroite sans tête ni pied de lit, et d'une autre petite table grossière. Lorsque j'entrai, Rakowsky était assis. Il se leva aussitôt. Il me regarda attentivement, et je lus sur sa figure de l'étonnement et aussi, me sembla-t-il, de la frayeur. Je pense qu'il dut me reconnaître, m'ayant vu lorsqu'il s'assit lors de cette nuit mémorable auprès des généraux.

Je dis au garde de m'apporter une chaise et de nous laisser. Je m'assis et demandai au prisonnier de s'asseoir. Il avait environ cinquante ans. C'était un homme de taille moyenne, avec un front dégarni, un nez large et charnu. Dans sa jeunesse, son visage avait dû être agréable. Son aspect physique n'était pas typiquement sémitique, mais ses origines étaient cependant clairement visibles. Dans le temps, il avait dû être gros, mais il ne l'était plus maintenant et sa peau pendait de partout, cependant que sa face et son cou ressemblaient à un ballon éclaté dont tout l'air serait parti. Le menu habituel de la Loubianka était apparemment un régime trop strict pour l'ancien ambassadeur à Paris. Je ne fis pas alors d'autre observation.

— Vous fumez ? lui demandais-je, en ouvrant un paquet de cigarettes dans le but d'établir avec lui des rapports un peu plus chaleureux.
— J'ai cessé de fumer afin de ménager ma santé, répliqua-t-il sur un ton plaisant, mais j'accepte, et je vous remercie. Je pense avoir désormais surmonté mes maux d'estomac. Il fuma calmement, avec réserve et non sans une certaine élégance.
— Je suis médecin, lui dis-je pour me présenter.
— Oui, je le sais, je vous ai vu agir, là-bas, dit-il d'une voix qui tremblait.
— Je suis venu vérifier l'état de votre santé. Comment vous portez-vous ? Souffrez-vous d'une maladie ?
— Non, je n'ai rien.
— En êtes-vous sûr ? Qu'en est-il de votre cœur ?
— Grâce aux bienfaits de la diète forcée, je n'ai

observé aucun symptôme anormal me concernant.
— Mais il y en a qui ne peuvent être observés par le patient lui-même, mais seulement par un médecin.
— Je suis médecin moi-même, interrompit-il.
— Vous êtes médecin ? répétais-je surpris.
— Oui, vous ne le saviez pas ?
— Personne ne me l'avait dit. Toutes mes félicitations. Je serai très heureux d'être utile à un collègue, éventuellement même à un condisciple. Où avez-vous fait vos études : à Moscou, ou à Petrograd ?
— Non, à cette époque je n'étais pas citoyen soviétique. J'ai étudié à Nancy et à Montpellier ; c'est à cette dernière faculté que j'ai passé mon doctorat.
— Ainsi, nous avons dû être étudiants à la même époque. J'ai suivi des cours moi-même à Paris ... Étiez-vous Français ?
— J'avais l'intention de devenir Français. J'étais né Bulgare, mais sans qu'on ait demandé ma permission, je suis devenu Roumain. J'étais de la province de Dobrudga. Au traité de paix, elle fut attribuée à la Roumanie.
— Permettez-moi d'écouter votre thorax, et je mis les écouteurs du stéthoscope sur mes oreilles. Il enleva sa veste déchirée et se mit debout. L'auscultation ne révéla rien d'anormal. Comme je l'avais pensé, il était faible, mais sans anomalie.
— Je suppose qu'il faut donner un peu de

nourriture au cœur ...
- Au cœur seulement, camarade ? demanda-t-il ironiquement.
- Je pense, répliquais-je, faisant semblant de ne pas remarquer son ironie.
- Vous permettez que je m'ausculte moi-même ?
- Avec plaisir, et je lui passais le stéthoscope. Il s'écouta brièvement.
- Je m'attendais à ce que mon état fût bien pire. Merci beaucoup. Puis-je remettre mon veston ?
- Bien sûr. Mettons-nous d'accord pour prendre quelques gouttes de digitaline, n'est-ce pas ?
- Vous considérez cela comme tout à fait essentiel. Je pense que mon vieux cœur survivra très bien encore les quelques jours ou mois qui me restent.
- Je suis d'un avis différent. Je pense que vous vivrez encore bien plus longtemps.
- Ne me contrariez pas collègue ... Vivre davantage ! Vivre plus longtemps encore ... Il doit y avoir déjà des instructions au sujet de ma fin ; le procès ne peut durer plus longtemps et puis alors, repos.

Lorsqu'il prononça ces mots, ayant à l'esprit le repos final, il me sembla que sa figure prenait presque une expression de bonheur ... Je haussais les épaules. Ce souhait de mourir, de mourir vite, que je lus dans ses yeux me fit presque défaillir. Par un sentiment de compassion, je ressentis le besoin de le réconforter :

— Vous ne m'avez pas compris, camarade. Je voulais dire que dans votre cas, il est décidé que vous continueriez de vivre. Et pourquoi avez-vous été amené ici ? N'êtes-vous pas bien traité maintenant ?
— Concernant le dernier point, oui bien sûr, mais quant au reste, j'ai entendu des bruits... Mais je lui tendis une autre cigarette et j'ajoutai :
— Gardez l'espoir. Pour ma part, et dans la mesure permise par mon chef, je ferai tout ce qui dépend de moi pour m'assurer qu'il ne vous arrive rien de mal. Je vais commencer tout de suite par vous alimenter, mais sans excès compte tenu de votre estomac. Nous commencerons par un régime lacté, avec quelques suppléments substantiels. Je vais donner des instructions tout de suite. Vous pouvez fumer ... prenez-en quelques-unes ...

Et je lui laissai tout le reste du paquet.

J'appelai le garde et lui donnai l'ordre d'allumer les cigarettes du prisonnier chaque fois que celui-ci le désirerait. Puis je partis, et avant de prendre un couple d'heures de repos je donnai instruction de faire servir à Rakowsky un demi-litre de lait avec du sucre.

Nous nous préparâmes pour l'entrevue avec Rakowsky, prévue pour minuit. Le caractère « amical » de cette réunion devait être marqué dans les moindres détails.

La pièce était bien chauffée, un feu était allumé dans l'âtre, l'éclairage était tamisé. Un petit menu bien choisi avait été prévu avec de bons vins, tout avait été scientifiquement improvisé. « Comme pour une rencontre d'amoureux », avait observé Gabriel.

Ma présence était requise. Je devais donner au prisonnier la drogue de telle façon qu'il ne le remarque pas. Dans ce but, les boissons avaient été placées comme par hasard près de moi, et je devrai verser le vin. Je devrai aussi observer l'affaiblissement de l'effet de la drogue afin de lui en redonner une nouvelle dose au moment opportun. C'est ma tâche la plus importante. Gabriel veut, si l'expérience réussit, obtenir dès ce premier entretien, une avancée réelle au cœur de la question. Il a bon espoir de succès. Il s'est bien reposé, et il est en bonne forme. Il m'intéresse de savoir comment il va se battre avec Rakowsky, qui à ce qui me semble est un adversaire à sa mesure.

Trois grands fauteuils ont été placés devant le feu : celui qui est le plus près de la porte est pour moi. Rakowsky s'assiéra au milieu, et le troisième sera pour Gabriel, qui a manifesté son humeur optimiste jusque dans ses vêtements, en arborant une chemise russe blanche.

Minuit avaient déjà sonné lorsqu'on nous amena le prisonnier. On lui avait donné des vêtements décents, et on l'avait bien rasé. Je lui jetai un regard professionnel et le trouvai plus gai. Il demanda d'être excusé de ne pouvoir boire plus qu'un verre à cause de la faiblesse de son estomac. Je n'avais pas mis la drogue dans ce verre et je le regrettai. La conversation commença par des banalités ... Gabriel sait que Rakowsky parle bien mieux le français que le russe et commence dans cette langue. Ils évoquent le passé. Il est clair que Rakowsky est un brillant causeur. Il s'exprime avec précision, élégance et même de façon ornée. Il est apparemment très érudit. Il fait des citations avec facilité, et toujours exactement. Parfois, il touchait un mot de ses nombreuses évasions, de son exil, sur Lénine, Plekhanov, Luxembourg, et il nous narra même que lorsqu'il était enfant, il avait un jour serré la main du vieil Engels.

Nous bûmes du whisky. Après que Gabriel m'eut donné l'occasion de parler environ une demi-heure, je demandai comme fortuitement :

« Voulez-vous un peu plus d'eau gazeuse ? »

— Oui, mettez ce qu'il faut, répondit-il distraitement.

Je pris sa boisson et j'y laissai tomber le comprimé que j'avais en main depuis le tout début de la conversation. Je servis d'abord du whisky à Gabriel, en lui faisant voir par un petit signe que la tâche avait été accomplie.

Puis je tendis son verre à Rakowsky, et je commençai à boire le mien. Il avala une gorgée avec plaisir. Je suis un petit commissionnaire me dis-je en moi-même. Mais ce ne fut qu'une pensée évanescente, qui disparut devant l'agréable feu dans la cheminée.

Avant que Gabriel n'entre dans le vif du sujet, la conversation s'était prolongée et avait été intéressante. J'eus la chance d'obtenir un document qui bien mieux qu'une sténographie — le produit de tout ce qui fut alors discuté entre Gabriel et Rakowsky. Le voici.

JOSEF LANDOWSKY

Christian Georgijewitsch Rakowsky

NOTE D'INFORMATION

COMPTE-RENDU D'INTERROGATOIRE DE L'ACCUSÉ CHRISTIAN GEORGIJEWITSCH RAKOWSKY PAR GAVRIIL GAVRIILOVITCH KUSMAIN, LE 26 JANVIER 1938

Gavriil G. Kusmain. – Comme convenu lors de notre accord à la Loubianka, j'ai fait appel, pour vous donner une dernière chance. Votre présence dans cette maison indique que j'ai réussi dans cette tentative. Voyons maintenant si vous ne nous décevrez pas.

Christian G. Rakowsky. – Ce n'est pas mon intention et j'aurai bien garde de le faire.

G. – Mais avant tout, je vous fais un avertissement solennel. Ce que nous voulons c'est la vérité vraie. Pas la vérité officielle, celle qui doit figurer au procès à la lumière des confessions de l'accusé… L'officielle, c'est comme vous le savez quelque chose qui est entièrement sujet à des raisons pratiques, autrement dit des raisons d'État, comme ils disent en Occident. Les exigences de la politique internationale nous forceront à cacher toute la vérité, la « vérité vraie »... Quelque soit le cours que puisse prendre le procès, les gouvernements, les peuples n'apprendront rien que ce qu'on voudra qu'ils sachent. Mais celui qui doit tout savoir, Staline, doit aussi savoir tout sur le sujet. Par conséquent, quels que soient les termes que vous emploierez, ils ne pourront aggraver votre situation : vous devez savoir qu'ils n'aggraveront pas votre crime, mais bien au contraire, ils peuvent vous obtenir le résultat désiré en votre faveur. Vous serez peut-être à même de sauver votre vie, qui en ce moment est pratiquement perdue. Ainsi je vous ai prévenu, et nous allons voir.

Vous admettez bien sans réserve que vous êtes un espion d'Hitler, que vous êtes à gages de la Gestapo et de l'Oberkommando der Wehrmacht, le haut État-Major de l'Armée allemande. Pas vrai ?

R. – Si !

G. – Et vous êtes un espion d'Hitler ?

R. – Oui !

G. – Non Rakowsky, non ! Dites la vérité vraie, pas celle du procès.

R. – Nous ne sommes pas les espions d'Hitler. Nous haïssons Hitler comme vous pouvez le haïr, comme Staline peut le haïr ; davantage encore peut-être. Mais c'est une question très complexe ...

G. – Je vais vous aider ... Par chance, je connais une ou deux choses. Vous, les Trotskystes vous aviez des contacts avec l'État-major Allemand, n'est-ce pas ?

R. – Oui.

G. – A partir de quand ?

R. – Je ne sais pas la date exacte, mais sitôt après la chute de Trotsky. Bien sûr avant qu'Hitler n'accède au pouvoir

G. – Alors, soyons précis : vous n'êtes ni un espion personnel de Hitler, ni un espion de son régime ?

R. – C'est exact. Cela nous l'étions déjà auparavant.

G. – Et dans quel but ? Pour faire gagner l'Allemagne et lui donner certains territoires russes.

R. – Non, en aucun cas.

G. – Alors un espion ordinaire, pour l'argent ?

R. – Pour de l'argent ? Personne d'entre nous ne reçut un seul mark de l'Allemagne. Hitler n'avait pas assez d'argent pour acheter par exemple le

Commissaire[2] aux Affaires étrangères de l'U.R.S.S., qui a à sa disposition un budget plus important que toute la fortune de Morgan et de Vanderbuilt, et qui n'a de comptes à rendre à personne quant à l'usage qu'il fait de son argent.

G. – Alors pour quelle raison ?

R. – Puis-je parler tout à fait librement ?

G. – Oui, c'est ce que je vous demande, et c'est pour cela que vous avez été invité à venir ici.

R. – Est-ce que Lénine n'avait pas des objectifs plus élevés, lorsqu'il reçut l'aide de l'Allemagne en vue de revenir en Russie ? Et faut-il accepter comme la vérité ces inventions calomnieuses qui ont été répandues pour l'accuser ? Ne fût-il pas appelé aussi un « espion du Kaiser » ? Ses relations avec l'Empereur et l'intervention allemande dans l'affaire de l'envoi en Russie des sabordeurs soviétiques sont pourtant très claires.

G. – Que ce soit vrai ou faux, cela n'a rien à voir avec la question présente.

R. – Non ? Permettez-moi d'achever. N'est-ce pas un fait réel que l'action de Lénine fut au début avantageuse pour les troupes allemandes ?

---

[2] Le Ministre (*note du traducteur*)

Permettez ... Il y eut la paix séparée de Brest-Litovsk, par laquelle d'énormes portions de territoires de l'U.R.S.S. furent cédées à l'Allemagne. Qui avait déclaré que le défaitisme était l'arme des Bolcheviques en 1913 ? Lénine ! Je connais par cœur les termes de sa lettre à Gorky : « La guerre entre l'Autriche et la Russie serait une chose très utile à la Révolution, mais il est improbable que François Joseph et Nicolas nous offrent cette chance ». Comme vous le voyez, nous les soi-disant Trotskystes, les inventeurs de la défaite de 1905, nous maintenons actuellement la même ligne, la ligne de Lénine.

G. – Avec une petite différence, Rakowsky : à présent il y a le Socialisme en U.R.S.S., plus le Tsar.

R. – Vous croyez cela ?

G. – Quoi ?

R. – À l'existence du Socialisme en U.R.S.S. ?

G. – Est-ce que l'Union Soviétique n'est pas socialiste ?

R. – Pour moi, elle ne l'est que de nom ! Et c'est là précisément que l'on trouve la vraie raison de l'opposition. Soyons d'accord, par la force de la simple logique vous devez bien accepter que théoriquement, rationnellement, nous avons le même droit de dire Non, que Staline peut dire Oui.

Et si le défaitisme peut se justifier pour le triomphe du Communisme, alors, celui qui considère que le Communisme a été anéanti par le bonapartisme de Staline et que celui-ci l'a trahi a bien le même droit que Lénine de devenir un défaitiste.

G. – Rakowsky, je pense que vous théorisez trop, grâce à votre manière de faire grand usage de la dialectique. Il est clair que s'il y avait beaucoup de gens ici présents, j'en apporterais la preuve ; mais soit, j'accepte votre argument comme le seul possible dans votre situation, bien que néanmoins, je pense que je pourrais vous prouver que ce raisonnement n'est rien d'autre qu'un sophisme. Mais remettons cela à une autre occasion ; elle se présentera un jour. Et j'espère que vous me donnerez la chance de vous répondre. Mais pour l'instant je vous dirai seulement ceci : si votre défaitisme et la défaite de l'U.R.S.S. ont pour objet la restauration du Socialisme en U.R.S.S., le vrai Socialisme — selon vous le Trotskysme —, alors dans la mesure où nous avons détruit leurs leaders et leurs cadres, le défaitisme et la défaite de l'U.R.S.S. n'ont aucun objectif, ni aucun sens. Le résultat de la défaite serait la prise du pouvoir par un quelconque führer ou Tsar fasciste. N'êtes-vous pas d'accord ?

R. – C'est en effet exact. Sans flatterie de ma part, votre capacité de déduction est splendide.

G. – Bien. Mais si comme je le pense vous êtes

sincère dans ce que vous dites, alors nous venons d'accomplir un grand pas : je suis un Stalinien, vous un Trotskyste, et nous venons de réaliser l'impossible. Nous avons atteint le point où nos vues coïncident. Et cette coïncidence réside en ceci qu'actuellement l'U.R.S.S. ne doit pas être détruite !

R. – Je dois vous avouer que je ne m'attendais pas à me trouver en face de quelqu'un d'aussi intelligent. En fait, au stade actuel et pour encore quelques années, nous ne pouvons encore envisager la défaite de l'U.R.S.S. et la provoquer, puisqu'il est connu qu'actuellement nous sommes dans une position telle que nous ne pouvons pas en saisir le pouvoir et que nous n'en aurions donc aucun profit. Tout ceci est exact et coïncide avec nos vues. Nous ne pouvons pas être actuellement intéressés par l'effondrement de l'État Stalinien. Je le dis, mais en même temps j'affirme que cet État, outre tout ce que nous avons déjà dit, est anticommuniste. Vous constatez ma sincérité.

G. – Je le vois. Et c'est la seule manière dont nous pouvons nous entendre. Mais avant que vous poursuiviez, j'aimerais vous demander de m'expliquer ce qui me parait être une contradiction : si l'État soviétique pour vous est anticommuniste pourquoi ne voulez-vous pas sa destruction dès maintenant ? Un autre pourrait être moins anticommuniste et présenterait par conséquent moins d'obstacles à la restauration de votre Communisme pur ...

R. – Non, non, cette déduction est trop simpliste. Bien que le bonapartisme stalinien s'oppose au Communisme, tout autant que le napoléonien s'opposait à la Révolution, la situation montre clairement que l'U.R.S.S. continue néanmoins de préserver sa forme communiste et le dogme : mais c'est un Communisme formel et non un Communisme réel. Et ainsi, tout comme la disparition de Trotsky donna automatiquement à Staline la possibilité de transformer le Communisme réel en un communisme formel, de même aussi la disparition de Staline nous permettra de transformer le Communisme formel en Communisme réel. Il nous suffira d'une heure pour cela. M'avez-vous compris ?

G. – Oui bien sûr. Vous venez de nous dire la classique vérité que personne ne détruit ce dont il veut hériter. Bien, soit. Tout le reste est agilité sophistique. Vous vous basez sur un postulat qui peut être facilement réfuté, celui de l'anticommunisme de Staline. Est-ce que la Propriété Privée existe en U.R.S.S. ? Est-ce que le profit personnel existe ? Y a-t-il encore des classes ? Je ne poursuivrai pas par une énumération de faits. À quoi bon !

R. – Je suis déjà convenu qu'il y a bien ici un Communisme formel. Dans tout ce que vous énumérez, il ne s'agit que de pures formes.

G. – Vraiment ? Mais dans quel but ? Par simple

entêtement ?

R. – Non, bien sûr ! C'est par nécessité. Il est impossible d'éliminer l'évolution matérialiste de l'histoire. Tout au plus peut-on la retarder. À quel prix ? Au prix de son acceptation théorique, afin de la détruire en pratique. La force qui entraîne l'humanité vers le Communisme est si indomptable, que seule cette même force, retournée et opposée à elle-même, peut permettre de ralentir son développement, plus précisément de ralentir le progrès de la Révolution.

G. – Un exemple ?

R. – L'exemple le plus évident, avec Hitler. Il avait besoin du Socialisme pour vaincre le Socialisme : c'est en cela que consiste son Socialisme très antisocialiste qu'est le National-Socialisme. Staline de même a besoin du Communisme pour vaincre le Communisme. Le parallèle est évident. Mais malgré l'antisocialisme de Hitler et l'anticommunisme de Staline, tous deux, contre leur gré et à leur corps défendant, créent néanmoins de manière transcendante le Socialisme et le Communisme ..., eux et beaucoup d'autres avec eux. Volontairement ou non, consciemment ou non, ils créent le Socialisme et le Communisme formel, dont nous, Communistes marxistes, nous devons inévitablement hériter.

G. – Héritage ? Pour qui l'héritage ? Le Trotskysme

est complètement liquidé.

R. – Vous pouvez le prétendre, mais vous n'y croyez pas vous-même. Aussi grandes que puissent être les liquidations, nous communistes, nous leur survivrons — le long bras de Staline et de sa police ne peuvent atteindre tous les communistes.

G. – Rakowsky, je vous demande, et au besoin je vous ordonne, de vous abstenir d'insinuations agressives. Ne dépassez pas les bornes, en profitant de votre immunité diplomatique.

R. – Ai-je des lettres de créance ? De qui suis-je l'ambassadeur ?

G. – Précisément de ce Trotskysme insaisissable, si nous convenons entre nous de l'appeler ainsi.

R. – Je ne puis être un diplomate du Trotskysme, comme vous le suggérez. Je n'ai pas reçu le droit de le représenter et je ne me suis pas chargé de ce rôle de moi-même. C'est vous-même qui me l'avez donné.

G. – Je commence à vous faire confiance. Je note en votre faveur qu'à mon évocation de ce Trotskysme, vous ne l'avez pas nié. C'est déjà un bon début.

R. – Comment pourrais-je le nier. Après tout, ne l'ai-je pas mentionné moi-même ?

G. – Puisque nous avons reconnu l'existence de ce Trotskysme spécial, dont nous sommes mutuellement convenus, je désire que vous me fournissiez des faits concrets, indispensables pour l'investigation, de ce sur quoi nous sommes convenus.

R. – Oui, je serai à même de vous dire ce que vous estimez nécessaire de savoir ; je le ferai de ma propre initiative, mais il ne me sera pas possible d'affirmer que c'est toujours aussi « leur » pensée.

G. – Soit, c'est bien ainsi que je le considérerai.

R. – Nous sommes d'accord qu'actuellement l'opposition ne peut être intéressée par le défaitisme et la chute de Staline, puisque aujourd'hui nous n'avons pas physiquement la possibilité de le remplacer. Nous convenons bien de cela tous deux. C'est donc un fait incontestable. Cependant il existe un agresseur possible : le voici, c'est ce grand nihiliste d'Hitler qui avec son arme terrible qu'est la Wehrmacht vise à conquérir tout l'horizon. Que nous le voulions ou pas, il l'utilisera contre l'U.R.S.S. Convenons donc que, pour nous, c'est le facteur inconnu. Êtes-vous d'accord que le problème a été correctement énoncé ?

G. – Il est bien posé. Mais je peux dire que pour moi il n'y a pas là de facteur inconnu. Je considère l'attaque d'Hitler contre l'U.R.S.S. comme inévitable. Pourquoi ? C'est très simple, parce que celui qui maîtrise ce facteur est tenté par l'attaque. Hitler est le seul condottiere du Capitalisme international.

R. – Je suis bien d'accord qu'il y a un danger, mais de là à penser sur cette base que l'attaque contre l'U.R.S.S. est inévitable, il y a un abîme.

G. – L'attaque contre l'U.R.S.S. est prédéterminée par l'essence même du Fascisme. Mais en plus, il y est poussé par tous les États capitalistes qui lui ont permis de réarmer et d'en acquérir les bases économiques et stratégiques. C'est tout à fait évident.

R. – Vous oubliez quelque chose de très important. Le réarmement de Hitler et l'aide qu'il a reçue jusqu'à présent des nations du Traité de Versailles — notez bien cela — lui ont été fournies au cours d'une période bien spéciale : lorsque nous pouvions encore devenir les héritiers de Staline, en cas de défaite de ce dernier et alors qu'une opposition existait encore ... Considérez-vous donc ce fait comme un simple hasard, une simple coïncidence dans le temps ?

G. – Je ne vois aucun lien entre l'accord des Puissances de Versailles au réarmement d'Hitler et l'existence de l'opposition ... La trajectoire de l'hitlérisme est en soi claire et logique. L'attaque de l'U.R.S.S. fait partie de son programme depuis longtemps. La destruction du Communisme et l'expansion vers l'Est sont des dogmes qui figurent dans le livre *Mein Kampf*, ce Talmud du National-Socialisme ... Mais que vous les défaitistes vous vouliez tirer profit de cette menace contre l'U.R.S.S., c'est naturellement en accord avec votre manière de penser.

R. – Oui, à première vue cela apparaît naturel et logique, mais trop naturel et trop logique pour être la vérité.

G. – Pour parer à ce risque et afin qu'Hitler ne nous attaque pas, nous devrions nous fier à une alliance avec la France ... mais ce serait une naïveté. Cela signifierait que nous pensons le Capitalisme prêt à faire des sacrifices simplement pour sauver le Communisme.

R. – Si nous poursuivons cette discussion sur le seul fondement des concepts qui servent aux meetings de masse, alors vous êtes dans le vrai. Mais si vous êtes sincère dans ce que vous venez de me dire, alors, vous m'en excuserez, mais vous me décevez. J'avais cru que la stratégie de la fameuse police stalinienne se situait à un niveau autrement plus élevé !

G. – L'attaque hitlérienne contre l'U.R.S.S. est en plus une nécessité dialectique ; c'est la même chose que l'inévitable lutte des classes, mais à l'échelle internationale. Aux côtés d'Hitler, il y a l'ensemble du Capitalisme.

R. – Eh bien, croyez-moi, à la lumière de votre dialectique scolaire, je forme une opinion bien négative de la culture politique du Stalinisme ! J'écoute vos paroles comme Einstein pourrait écouter un écolier parler de physique à quatre dimensions. Je constate que seul le Marxisme élémentaire vous est familier, c'est à dire sa version démagogique et populaire.

G. – Alors si vos explications ne sont pas trop longues et générales, je vous saurais gré de m'expliquer quelque peu votre ... Marxisme quantique, ou votre Relativité marxienne.

R. – Il n'y a pas de place ici pour l'ironie. Je parle avec les meilleures intentions. Dans ce même Marxisme élémentaire qui est enseigné jusque dans les universités de Staline, vous pouvez trouver la phrase qui contredit toute votre thèse sur le caractère inévitable de l'attaque d'Hitler contre l'U.R.S.S. On vous enseigne ainsi que la pierre angulaire du Marxisme est ce concept que d'après ce que l'on suppose, les contradictions seraient la maladie fatale et incurable du Capitalisme... C'est bien exact, n'est-ce pas ?

G. – Oui, bien sûr.

R. – Mais si les choses sont réellement telles que nous accusons le Capitalisme d'être imprégné de contradictions capitalistes continuelles dans la sphère économique, pourquoi alors ne devrait-il pas en souffrir aussi en politique ? La politique et l'économique n'ont pas d'importance en soi : ils ne sont que des conditions de mesure de l'essence sociale ; des contradictions se font jour dans la sphère sociale et sont simultanément réfléchies dans l'économie ou la politique ou dans les deux à la fois. Il serait absurde de tabler sur la faillite en économie, et en même temps sur l'infaillibilité en politique — ce qui est en quelque sorte essentiel, absolument essentiel, pour que devienne inévitable une attaque contre l'U.R.S.S., selon votre postulat.

G. – Vous voulez dire que vous faites totalement confiance aux contradictions, à la fatalité et au caractère inévitable des erreurs qui doivent être commises par la bourgeoisie et qui empêcheront Hitler d'attaquer l'U.R.S.S. ? Je suis un marxiste Rakowsky, mais là, entre nous, et afin de ne pas vous donner prétexte à vous irriter contre un simple activiste, je vous dis que malgré toute ma foi en Marx, je ne peux pas croire que l'U.R.S.S. n'existe que grâce aux fautes de ses ennemis ... Et je pense que Staline partage ces mêmes vues.

R. – Mais je le crois aussi ... Ne me regardez pas comme cela, je ne plaisante pas et je ne suis pas fou.

G. – Permettez-moi au moins d'en douter jusqu'à ce que vous m'ayez donné la preuve de vos dires.

R. – Comprenez-vous maintenant que j'avais des

raisons de qualifier votre culture marxiste de douteuse ? Vos arguments et vos réactions sont identiques à celles d'un quelconque activiste du rang.

G. – Et elles sont fausses ?

R. – Elles seraient correctes au niveau d'un petit cadre, d'un bureaucrate, et pour la masse. Elles conviennent au simple combattant ... Eux doivent croire cela et répéter mot pour mot, tel que c'est écrit. Mais écoutez-moi, pour apprendre ce qui est vraiment confidentiel. Avec le Marxisme vous obtenez le même résultat qu'avec les anciennes religions ésotériques. Leurs adeptes ne devaient connaître que ce qui était le plus élémentaire et le plus simpliste, ce qui suscitait leur foi, c'est-à-dire ce qui est le plus essentiel, aussi bien en matière de religion que dans l'œuvre de la Révolution.

G. – Vous voulez, n'est-ce pas, m'ouvrir le Marxisme mystique, une sorte d'autre Franc-maçonnerie ?

R. – Non, il ne s'agit pas d'ésotérisme. Bien au contraire, je vais vous l'expliquer avec grande clarté. Le Marxisme, avant d'être un système philosophique, économique et politique, est une conspiration pour la Révolution. Et comme pour nous la Révolution est le seul absolu, il s'en suit que la philosophie, l'économie et la politique n'ont de vrai qu'en ce qu'elles mènent à la Révolution.

La vérité fondamentale (appelons-la subjective) n'existe pas en économie, en politique, ni même en morale ; à la lumière de l'abstraction scientifique, c'est, soit la vérité, soit l'erreur, mais pour nous, sujets de la dialectique révolutionnaire, c'est elle la seule vérité, et est donc la seule vérité tout ce qui est révolutionnaire, et cela était bien tel pour Marx. C'est en fonction de cela qu'il nous faut agir. Rappelez-vous cette phrase de Lénine répliquant à quelqu'un qui lui démontrait par toutes sortes d'arguments que son intention contredisait la réalité : « Je pense, moi, que c'est réel », répondit-il. Pensez-vous que Lénine disait des absurdités ? Pas du tout : pour lui toute réalité, toute vérité n'avait qu'une valeur relative par rapport à la seule et absolue vérité et réalité : la Révolution. Marx fut un génie. Si ses œuvres avaient simplement consisté en la critique approfondie du Capitalisme, cela seul aurait déjà été en soi une œuvre scientifique insurpassable : mais là où ses écrits sont ceux d'un maître, c'est où il produit un effet d'apparente ironie. « Le Communisme, dit-il, doit vaincre, parce que le Capital lui donnera cette victoire tout en étant son ennemi ». Telle est la thèse magistrale de Marx ... Peut-on pousser l'ironie plus loin ? Et donc, pour être cru, il lui a suffi de dépersonnaliser le Capitalisme et le Communisme, en ayant transformé l'individu humain en un individu acteur conscient, ce qu'il fait avec un extraordinaire talent de jongleur. Telle fut la méthode de son astuce, dans le but de démontrer aux capitalistes qu'ils sont une réalité du Capitalisme et que le Communisme peut triompher par l'effet d'un idiotisme spontané ; car sans la présence d'un immortel idiotisme dans l'*homo economicus*, il ne pourrait apparaître en lui de continuelles contradictions comme le proclame Marx. Être capable d'effectuer la transformation de l'homo sapiens en *homo stultum*, c'est posséder une puissance magique capable de faire redescendre l'homme jusqu'en bas de l'échelle zoologique, c'est-à-dire au niveau de la brute, de l'animal.

Or c'est seulement si à l'époque de l'apogée du Capitalisme on trouve l'*homo stultum* que Marx peut formuler sa proposition axiomatique : les contradictions, plus le temps = le Communisme. Croyez-moi, lorsque nous, qui sommes initiés à cette astuce, nous contemplons le portrait de Marx qui se trouve par exemple dans l'entrée principale de la Loubianka, nous ne pouvons-nous empêcher d'éclater intérieurement de ce rire dont Marx nous a contaminés : nous l'apercevons riant dans sa barbe à la face de toute l'humanité.

G. – Et vous osez rire du savant le plus révéré de toute l'humanité.

R. – Moi, m'en moquer ? Mais pas du tout, j'exprime par là ma plus grande admiration ! Pour que Marx ait été capable de tromper tant d'hommes de science, il fallait bien qu'il les surpassât tous ... Car pour juger de Marx dans toute sa grandeur, il faut considérer le vrai Marx, Marx le révolutionnaire, Marx jugé par son Manifeste. Cela veut dire Marx le conspirateur, car durant sa vie la Révolution en était au stade de la conspiration. Ce n'est pas pour rien que la Révolution est redevable de son développement et de ses récentes victoires à ces conspirateurs-là.

G. – Vous niez donc l'existence d'un processus dialectique de contradictions du Capitalisme qui conduise au triomphe final du Communisme ?

R. – Vous pouvez être sûr que si Marx avait cru que le Communisme obtiendrait la victoire seulement grâce aux contradictions du Capitalisme, il n'aurait jamais alors et pas une seule fois fait mention de ces contradictions dans aucune des milliers de pages de son œuvre scientifique. Tel était en effet l'impératif catégorique de la nature réaliste de Marx : non pas du Marx savant, mais du Marx révolutionnaire. Le révolutionnaire, le conspirateur, n'aurait jamais dévoilé à son adversaire le secret de son futur triomphe ... il ne lui aurait jamais dévoilé l'information ; bien au contraire il lui aurait fourni la désinformation dont vous faites usage en contre conspiration. N'êtes-vous pas d'accord ?

G. – Quoi qu'il en soit, nous voilà arrivés selon vous à la conclusion qu'il n'y a pas de contradictions dans le Capitalisme, et que si Marx en parle, c'est seulement à titre de méthode stratégique révolutionnaire, n'est-ce pas ? Mais pourtant, les contradictions colossales et sans cesse croissantes du capitalisme, elles sont bien visibles. Et donc, on arrive à la conclusion que Marx, tout en ayant menti, dit la vérité.

R. – Vous êtes dangereux comme dialecticien lorsque vous desserrez les freins de votre dogmatisme scolastique, et que vous donnez libre cours à votre inventivité personnelle. Oui, c'est bien cela, Marx disait la vérité lorsqu'il mentait. Il mentait lorsqu'il induisait en erreur en ayant défini les contradictions comme étant permanentes « dans l'histoire de l'économie capitaliste et en les ayant appelées naturelles et inévitables » ; mais en même temps, il disait la vérité, parce qu'il savait que les contradictions seraient créées et se développeraient en une progression croissante jusqu'à leur apogée.

G. – Cela signifie que pour vous il y a une antithèse.

R. – Non il n'y a pas ici d'antithèse. Marx ment pour des raisons tactiques sur l'origine des contradictions du Capitalisme, mais non pas sur leur réalité évidente. Marx savait comment elles furent créées, comment elles devinrent plus aiguës, et comment les choses évoluèrent vers une anarchie générale dans la production capitaliste, ce qui se produisit avant le triomphe de la révolution communiste … Il savait que cela arriverait, parce qu'il connaissait ceux qui créèrent ces contradictions.

G. – Voilà une bien étrange révélation et de curieuses nouvelles, cette assertion et cet exposé des circonstances qui font que ce qui mène le Capitalisme à son « suicide » selon l'expression bien trouvée de l'économiste bourgeois Schalenbach, n'est pas l'essence même et la loi interne du Capitalisme. Mais il m'intéresse de savoir si nous en arriverons à des questions de personnes par cette voie là ?

R. – Ne l'avez-vous pas senti intuitivement ? N'avez-vous pas remarqué combien chez Marx les mots contredisent les intentions ? Il déclare la nécessité et le caractère inévitable des contradictions du Capitalisme en prouvant l'existence du surplus de valeur et de l'accumulation du profit, c'est-à-dire qu'il prouve ce qui existe en fait. Il invente agilement la proposition qu'à une concentration croissante des moyens de production doit correspondre une masse croissante de prolétariat, une force plus grande pour créer le Communisme, n'est-ce pas ? Maintenant continuons : en même temps qu'il énonce cette assertion, il fonde l'Internationale. Or l'Internationale, dans l'œuvre de la lutte des classes au jour le jour, est « réformiste », c'est-à-dire que c'est une organisation dont l'objectif est de limiter le surplus de valeur, et lorsque c'est possible, de l'éliminer. C'est pourquoi, objectivement, l'Internationale est une organisation contre-révolutionnaire et anticommuniste d'après la théorie de Marx.

G. – Voilà donc maintenant que Marx est un contre-révolutionnaire et un anticommuniste !

R. – Vous voyez donc maintenant comment l'on peut utiliser la culture marxiste originelle. On ne peut que décrire l'Internationale comme étant contre-révolutionnaire et anticommuniste, cela avec une exactitude logique et scientifique, si l'on ne voit dans les faits rien d'autre que leurs résultats immédiatement visibles et dans les textes que la lettre. On en vient à des conclusions aussi absurdes, parce qu'elles semblent être évidentes, lorsqu'on oublie que les mots et les faits dans le Marxisme sont sujets aux règles strictes de la science la plus haute, celle de la conspiration et de la Révolution.

G. – Finirons-nous par aboutir aux conclusions finales ?

R. – Oui dans un moment. Si la lutte des classes dans la sphère économique s'avère devenir réformiste à la lumière de ses premiers résultats, et pour cette raison contredit les présupposés théoriques qui déterminent l'établissement du Communisme, en fait elle est dans son sens réel et véritable purement révolutionnaire. Mais, je le répète, elle est soumise aux règles de la conspiration, ce qui veut dire à celles de se masquer et de cacher ses objectifs réels ... La limitation du surplus de valeur et ainsi de l'accumulation comme conséquence de la lutte des classes, ce n'est qu'une affaire d'apparence, une illusion, afin de stimuler le mouvement révolutionnaire dans les masses. Une grève est déjà une tentative de mobilisation révolutionnaire. Indépendamment de son succès ou de son échec, son effet économique est l'anarchie. Le résultat est que cette méthode, présentée en vue de l'amélioration de la situation économique d'une classe, amène l'appauvrissement de l'économie en général, quels que puissent être l'échelle et les résultats d'une grève, elle amène toujours une réduction de la production. Le résultat général est : plus de pauvreté, ce dont la classe laborieuse ne peut se débarrasser. Voilà déjà quelque chose. Mais ce n'est pas le seul résultat ni le plus important. Comme nous le savons, le but unique de toute lutte dans la sphère économique est de gagner davantage et de travailler moins. Telle est l'absurdité de l'économie, mais selon notre phraséologie telle est la contradiction, qui n'a pas été aperçue par les masses, qui sont aveuglées en permanence par une augmentation des salaires, laquelle est immédiatement annulée par une augmentation des prix. Et s'il y a limitation des prix par l'action gouvernementale, la même chose survient — la contradiction entre le désir de dépenser plus et de produire moins est caractérisée ici par l'inflation monétaire. Et c'est ainsi que l'on entre dans un cercle vicieux — grève, faim, inflation, faim.

G. – Excepté pourtant lorsque la grève a lieu aux dépens du surplus de valeur du Capitalisme.

R. – Théorie, pure théorie que cela. Puisque nous

sommes entre nous, prenez n'importe quel annuaire statistique concernant l'économie de n'importe quel pays, et divisez les rentes et le revenu total par le nombre de tous les salariés, et vous verrez quel résultat extraordinaire il en ressort. Ce résultat est le fait le plus contre-révolutionnaire qui soit, et l'on doit garder sur lui le plus total secret. Ceci parce que, si vous déduisez du dividende théorique les salaires et dépenses des directeurs qui seraient la conséquence de l'abolition de la propriété privée, presque toujours il reste un dividende qui est négatif pour le prolétariat. En réalité, c'est toujours une perte si l'on considère en plus la réduction qui s'en suit dans le volume et la qualité de la production. Comme vous allez le voir maintenant, un appel à la grève comme moyen d'obtenir une amélioration rapide du bien-être du prolétariat n'est qu'une excuse. C'est un alibi nécessaire pour obliger à commettre un sabotage de la production capitaliste. C'est ainsi qu'aux contradictions dans le système bourgeois s'ajoutent des contradictions pour le prolétariat : c'est l'arme double de la Révolution, et — c'est l'évidence même — elle n'opère pas toute seule. Elle possède une organisation, des chefs, une discipline, et par-dessus tout, elle compte sur la stupidité. Ne soupçonnez-vous pas que les contradictions du Capitalisme si souvent mentionnées, et en particulier ses contradictions financières, sont aussi organisées par quelqu'un ? ... À titre de fondement pour ces déductions, je vous rappellerai que dans sa lutte économique, l'Internationale prolétaire coïncide avec l'Internationale financière, puisque l'une et l'autre produisent l'inflation, et s'il y a coïncidence, on doit penser qu'il y a aussi accord entre elles. Ce sont ses propres termes.

G. – Je soupçonne là une énorme absurdité, ou l'intention de filer un nouveau paradoxe, car je ne peux pas imaginer ce que vous dites. Vous semblez vouloir suggérer l'existence de quelque chose comme une seconde Internationale Communiste, mais Capitaliste, naturellement ennemie.

R. – Très exactement. Lorsque j'ai mentionné l'Internationale financière, je pensais à elle comme à un Komintern ; mais ayant admis l'existence de ces deux « Komintern », je ne dirai pas pour autant qu'ils sont ennemis.

G. – Si vous voulez nous faire perdre du temps avec vos inventions et vos fantaisies, je dois vous avertir que vous avez choisi le mauvais moment ...

R. – Dites, est-ce que vous croyez que je suis comme la courtisane des « *Mille et une Nuits* », qui usa de toute son imagination pendant une nuit entière pour sauver sa vie ? Ce n'est pas mon cas. Si vous pensez que nous nous écartons du sujet, vous vous trompez. Mais afin de parvenir à ce que vous avez pris comme notre objectif et si je ne veux pas échouer, il me faut d'abord vous éclairer sur les questions les plus importantes, en ayant en tête votre méconnaissance de ce que je pourrais appeler

« le haut Marxisme ». Je ne peux m'abstenir de ces explications nécessaires, car je sais trop bien qu'il y a ce manque de connaissances au Kremlin ... Permettez-moi donc de poursuivre.

G. – Vous pouvez continuer. Mais s'il s'avère que tout cela devait être jugé comme n'étant qu'une perte de temps pour exciter l'imagination, alors cet amusement aura certainement un triste épilogue. Je vous aurai averti.

R. – Je poursuis comme si je n'avais rien entendu. À ce stade, vous êtes un écolier en ce qui concerne le Capital, et je veux éveiller vos talents inductifs. Je vous rappellerai donc certains faits très curieux. Faites bien attention avec quelle pénétration Marx en arrive aux conclusions tirées de l'existence de l'industrie britannique alors naissante, à savoir la colossale industrie d'aujourd'hui ; comment il l'analyse et la critique ; quelle image repoussante il donne de l'industriel manufacturier. Dans votre imagination et dans celle de la masse naît alors la terrible image du Capitalisme dans son concret humain : le type du fabricant bedonnant, un cigare à la bouche, comme Marx le décrit, jetant à la rue avec colère mêlée de satisfaction l'épouse et la fine de l'ouvrier. Est-ce que ce n'est pas vrai ? Mais en même temps, souvenez-vous aussi de la modération de Marx et de son orthodoxie bourgeoise lorsqu'il étudie la question monétaire. Dans ce problème de la monnaie, on ne voit pas apparaître chez lui la fameuse contradiction. Pour lui, les finances n'existent pas comme quelque chose d'importance en soi ; le commerce et la circulation des monnaies sont les résultats de la production capitaliste honnie, qui les asservit et les détermine totalement. Or sur la question de la monnaie, Marx est un réactionnaire ; et à notre immense surprise, il en était bien un. Ayez à l'esprit « l'étoile à cinq pointes » comme la soviétique, mais cette étoile qui brille sur toute l'Europe, l'étoile composée des cinq frères Rothschild, avec leur banque, qui possède une colossale accumulation de richesses, la plus grande jamais connue jusque-là ... Ainsi, ce fait, si colossal qu'il égara l'imagination des gens à l'époque, Marx ne le remarque pas. Voilà qui est bien étrange ... Non ?

Il se peut que de cet étrange aveuglement de Marx naisse un phénomène qui est commun à toutes les futures révolutions sociales. Voici le fait : tous, nous pouvons confirmer que lorsque les masses prennent le contrôle d'une ville ou d'un pays, elles semblent toujours frappées alors d'une crainte superstitieuse des banques et des banquiers. On a tué les Rois, les généraux, les évêques, les policiers, les prêtres et les autres représentants des classes privilégiées haïes ; on a dévalisé et incendié les palais, les églises, et même les temples de la science, mais en dépit du fait que les révolutions étaient sociales, les vies des banquiers furent respectées par elles, et leur résultat fut que les magnifiques édifices des banques restèrent intacts. Et à ma connaissance, jusqu'au moment même de mon arrestation, cette situation a perduré jusqu'à ce jour.

G. – Où cela ?

R. – En Espagne ... Ne le savez-vous pas ? Puisque vous me le demandez, dites-moi aussi : ne trouvez-vous pas cela bien étrange ? Réfléchissez, la police peut-être ?... Je ne sais pas, mais votre attention a-t-elle été attirée par l'étrange similitude qui existe entre l'Internationale financière et l'Internationale prolétaire ? Je dirais que l'une est l'envers de l'autre, et que le revers est la prolétaire, comme étant plus neuve que la financière.

G. – Où voyez-vous une similitude dans des choses aussi opposées ?

R. – Objectivement elles sont identiques. Comme je l'ai prouvé, le Komintern dans sa double face, renforcé par le mouvement réformiste et l'ensemble du Syndicalisme, provoque l'anarchie dans la production, l'inflation, la pauvreté et le désespoir dans les masses. Les Finances, essentiellement l'Internationale financière, épaulée consciemment ou inconsciemment par les investisseurs privés créent les mêmes contradictions, mais en plus grand nombre encore ... Maintenant vous pouvez deviner les raisons pour lesquelles Marx a caché les contradictions financières, qui ne pouvaient avoir échappé à son regard pénétrant si les finances n'avaient eu là un allié dont l'influence — objectivement révolutionnaire — était déjà alors d'une extraordinaire importance.

G. – Une coïncidence inconsciente, mais pas une alliance, qui présuppose l'intelligence, la volonté et l'accord…

R. – Quittons cette perspective, si vous le voulez bien. Et passons maintenant plutôt à une analyse subjective des finances, et même plus : examinons quelle sorte de gens sont là personnellement à l'œuvre. L'essence internationale de la monnaie est bien connue. De ce fait, il ressort que l'organisation internationale qui possède l'argent et qui l'accumule est une organisation cosmopolite. La finance à son apogée en tant que trouvant en elle-même son propre but, — c'est à dire l'Internationale financière — dénie et ne reconnaît rien de ce qui est national, ni non plus l'État, et par conséquent elle est anarchique, et elle serait anarchiste de manière absolue si elle — la négatrice de tout État national — n'était pas par nécessité un État dans toute son essence fondamentale. L'État comme tel n'est que Pouvoir. Et l'argent est exclusivement Pouvoir. Ce super-État communiste, que nous nous sommes efforcés de créer depuis tout un siècle et dont l'esquisse est l'Internationale de Marx, faites-en l'analyse, et vous verrez quelle est son essence. Le plan de l'Internationale et le prototype que représente l'U.R.S.S., c'est aussi le pouvoir pur. La similitude fondamentale entre les deux créations est absolue. C'est quelque chose de fatal et d'inévitable puisque les personnalités des auteurs des deux étaient identiques. Le Financier est tout juste aussi international que le Communiste. Tous les deux, à l'aide de différents alibis et différents moyens, luttent contre l'État national bourgeois et en sont la négation. Le Marxisme le fait afin de le changer en un État Communiste, d'où s'en suit que le marxiste doit être un internationaliste. Le financier renie l'État national bourgeois, et sa négation trouve sa fin en elle-même : il ne se manifeste pas en tant qu'internationaliste, mais comme un anarchiste cosmopolite ... C'est son apparence actuelle, mais voyons ce qu'il est réellement et ce qu'il vise à être. Comme vous le voyez, il y a en résidu une claire similitude individuelle entre les Communistes internationalistes et les Cosmopolites de la finance, et le résultat naturel est une identique similitude entre l'Internationale communiste et l'Internationale financière.

G. – C'est subjectivement une similitude de hasard et en contradiction dans l'objectif, mais l'une est facilement érodée et de peu de signification, et la plus radicale est aussi celle qui a l'existence la plus réelle.

R. – Permettez-moi de ne pas répondre immédiatement, afin de ne pas interrompre la séquence logique du raisonnement ... Je cherche seulement à décrypter l'axiome de base : l'argent est pouvoir. L'Argent est aujourd'hui le centre de gravité général. J'espère que vous êtes bien d'accord avec moi ?

G. – Continuez, Rakowsky, je vous prie.

R. – Comprendre comment l'Internationale financière est progressivement devenue à notre époque la maîtresse de l'argent, ce talisman magique, qui est devenu aujourd'hui pour les gens ce que Dieu et la Nation étaient antérieurement, c'est quelque chose qui excède en intérêt scientifique même l'art de la stratégie révolutionnaire, car c'est également un art et également une révolution. Je vais vous l'expliquer. Les historiographes et les masses, aveuglés par les cris et la pompe de la Révolution Française, le peuple intoxiqué par le fait qu'il avait réussi à prendre le pouvoir du Roi et des classes privilégiées, n'ont pas pris attention au fait qu'un petit groupe de gens mystérieux, obstinés et insignifiants, avait pris possession du pouvoir royal réel, pouvoir magique, presque divin, qu'ils obtinrent presque sans s'en douter.

Les masses ne prirent pas garde que ce pouvoir avait été capturé par d'autres, qui très vite les soumirent à un esclavage plus impitoyable que celui où les tenait le Roi, car ce dernier, du fait de ses préjugés religieux et moraux, n'était pas apte à tirer avantage d'un tel pouvoir. Il advint donc que le Pouvoir Royal suprême échut à des gens dont les caractères moraux, intellectuels et cosmopolites leur permirent à elles d'en faire usage. Il est clair que ces gens-là n'avaient jamais été chrétiens, mais étaient des cosmopolites.

G. – Mais qu'est-ce que cela a à faire avec le pouvoir mythique qu'ils avaient acquis ?

R. – Ils avaient obtenu pour eux le réel privilège de battre monnaie ... Ne souriez pas, autrement je devrais en conclure que vous ne savez pas ce que sont les monnaies ... Je vous demande de vous mettre à ma place. Ma situation est celle de l'assistant d'un docteur qui aurait à expliquer la bactériologie à un médecin ressuscité, formé à l'époque avant Pasteur. Mais je peux m'expliquer votre manque de connaissances et vous en excuser. Le langage fait usage de termes qui provoquent des idées erronées sur les choses et les actes, ceci à cause de la puissance d'inertie de la pensée, et qui ne correspondent pas à des conceptions réelles et exactes. Ainsi de la monnaie. Il est clair que dans votre imagination apparaissent immédiatement à ce mot des images de monnaie réelle en métal et en papier. Mais la monnaie ce n'est pas cela ; l'argent ce n'est plus cela dorénavant. Les pièces en circulation c'est un pur anachronisme. S'il en existe encore et si elles circulent, c'est seulement par atavisme, uniquement parce que cela convient pour le maintien d'une illusion, à l'heure actuelle, d'une pure fiction.

G. – Voilà un paradoxe brillant, osé et même

poétique.

R. – Si vous le voulez, c'est peut-être brillant, mais ce n'est pas un paradoxe. Je sais bien, et c'est la cause de votre sourire, que les États frappent encore de la monnaie, des pièces de métal, et impriment des billets avec des bustes royaux ou des emblèmes nationaux. Bien et alors ? Une grande partie de la monnaie en circulation, l'argent des grandes affaires ou comme représentant de la richesse nationale, l'argent, oui, l'argent, était dorénavant émis par le petit groupe de personnes que j'ai évoqué. Des titres, des valeurs, des chèques, des traites, des billets à ordre, des lettres de change, des escomptes, des cotations et des chiffres sans fin inondèrent les États comme une cataracte. Que représentaient dès lors par rapport à tout cela les monnaies métalliques et de papier ? ... Quelque chose de négligeable, une sorte de minimum face à l'inondation croissante de la monnaie financière qui envahissait tout. En plus de l'immense variété de formes des monnaies financières, ils créèrent la monnaie-crédit, avec l'intention d'en rendre le volume quasiment infini. Et de lui donner la vitesse du son ... ce n'est plus qu'une abstraction, un être de pensée, un chiffre, un nombre ; le crédit, la foi ... Commencez-vous déjà à saisir ? ... La fraude, la fausse monnaie jouissant d'un statut légal ... pour utiliser une autre terminologie afin de mieux me faire comprendre. Les banques, les bourses des valeurs, et l'ensemble du système financier mondial, c'est une gigantesque machine destinée à produire artificiellement des scandales, selon l'expression d'Aristote. Forcer l'argent à produire de l'argent, si c'est un crime en matière économique, c'est quelque chose qui, en ce qui a trait aux financiers, est un crime qui relève du code criminel, car c'est de l'usure. J'ignore quels sont les arguments par lesquels on essaie de justifier tout cela ; sans doute par la proposition qu'ils reçoivent un intérêt légal ... Mais même en l'admettant, et l'admettre dépasse même ce qui est nécessaire, nous voyons que l'usure existe encore, car même si l'intérêt reçu est légal, alors celui-ci invente et falsifie le capital inexistant. Les banques ont toujours, sous forme de dépôts ou d'encours productifs, une quantité d'argent qui est dix fois ou peut-être même cent fois supérieure à l'argent qui existe physiquement sous forme de pièces et de billets de banque. Et je ne parle pas des cas où la monnaie crédit, c'est-à-dire la fausse monnaie, la monnaie fabriquée, est supérieure au capital en dépôt. Compte tenu que l'intérêt légal est fixé, non pas sur le capital réel, mais sur un capital virtuel, l'intérêt en question est en réalité illégal, en proportion du nombre de fois que le capital fictif dépasse le capital réel. Il faut garder à l'esprit que le système que je vous décris là en détail n'est encore que l'un des plus innocents parmi ceux qui sont utilisés pour la fabrication de fausse monnaie. Imaginez, si vous le pouvez, un petit groupe de gens ayant un pouvoir illimité par la possession de la richesse réelle, et vous verrez qu'ils sont les dictateurs absolus des bourses de valeurs, avec comme résultat qu'ils sont alors aussi les dictateurs de la production et de la distribution, et aussi du travail et de la consommation. Si votre imagination en est capable, multipliez alors ceci par le facteur global, et vous verrez son influence anarchique, morale et sociale, c'est à-dire son influence révolutionnaire ... Comprenez-vous ?

G. – Non, toujours pas.

R. – Manifestement, c'est très difficile de comprendre les miracles.

G. – Comment le miracle ?

R. – Oui, le miracle. N'est-ce pas un miracle qu'un banc de bois ait été transformé en un temple ? Et pourtant, un tel miracle a été vu par les gens mille fois, et ils n'ont pas cillé une seule fois en un siècle. Car c'était bien un miracle extraordinaire de voir que les bancs où s'asseyaient de gras usuriers pour faire leurs opérations de change sur les monnaies se transformaient dorénavant en temples, qui s'élèvent magnifiques dans tous les coins des grandes cités contemporaines, avec leurs colonnades païennes, et où affluent les foules avec une foi qui ne leur vient pas des divinités célestes, pour y faire assidûment le dépôt de tout ce qu'elles possèdent de leurs biens au dieu de l'Argent qui l'imaginent-elles sans doute, doit vivre dans les coffres blindés des banquiers, et qui est préordonné de par sa divine mission à accroître la richesse jusqu'à un infini métaphysique.

G. – C'est la nouvelle religion de la bourgeoisie décadente.

R. – Religion oui, c'est la religion de la puissance.

G. – Vous semblez être le poète de l'économie.

R. – Oui si vous le voulez, car pour donner une image de la finance comme œuvre d'un art qui, de manière la plus évidente, est une œuvre de génie et la plus révolutionnaire de tous les temps, il faut en effet la poésie.

G. – C'est une vue erronée : car les Finances, comme l'a défini Marx et plus particulièrement Engels, sont déterminées par le système de production capitaliste.

R. – C'est exact, mais c'est l'inverse : c'est le système capitaliste de production qui est déterminé par la finance. Le fait que Engels dise le contraire et essaie même de le prouver est en soi la preuve la plus patente que ce sont les finances qui dirigent la production bourgeoise. D'où aussi le fait, et il en était ainsi avant Marx et Engels, que les finances étaient le plus puissant agent de révolution et que le Komintern n'était qu'un jouet entre leurs mains. Mais ni Marx, ni Engels ne vont le dévoiler ou l'expliquer. Bien au contraire, faisant appel à tous leurs talents de savants, ils allaient camoufler cette vérité une deuxième fois, dans l'intérêt de la Révolution. Et cela, ils le firent tous les deux.

G. – Voilà qui n'est pas nouveau. Tout cela me rappelle ce que Trotsky avait écrit il y a une dizaine d'années.

R. – Dites ...

G. – Quand il dit que le Komintern est une organisation conservatrice par rapport à la bourse de New York, il désigne les grands banquiers comme étant les inventeurs de la révolution.

R. – Oui en effet, il le dit dans un opuscule où il prédit l'effondrement de l'Angleterre ... Il le déclare, en posant la question Qui pousse l'Angleterre sur la voie de la révolution ? » ... et voici sa réponse : « non pas Moscou, mais New York ».

G. – Mais rappelez-vous aussi son affirmation que, si les financiers de New York avaient forgé la révolution, ils l'avaient fait inconsciemment.

R. – L'explication que je vous ai donnée pour vous faire comprendre pourquoi MarxetEngelsavaientcamoufléla véritéestégalementa pplicableàLéonTrotsky.

G. – Je n'apprécie dans Trotsky que le fait qu'il ait interprété en quelque sorte sous une forme littéraire un fait qui en tant que tel n'était que trop bien connu et qu'on a déjà noté. Trotsky lui-même souligne de manière tout à fait correcte que ces banquiers « accomplissent irrésistiblement et inconsciemment leur mission révolutionnaire ».

R. – Et ils l'accomplissent cette mission en dépit du fait que Trotsky l'a déclaré ?

Voilà qui est bien étrange ! Pourquoi alors ne corrigent-ils pas leurs actions ?

G. – Les financiers sont des révolutionnaires inconscients, car ils ne le sont que de manière objective, ceci résultant de leur incapacité intellectuelle à en voir les conséquences finales.

R. – Vous croyez cela sincèrement ? Vous pensez que parmi ces véritables génies, il y en a qui sont inconscients ? Vous considérez comme idiots des gens à qui le monde entier est soumis aujourd'hui ? Voilà qui serait vraiment une contradiction bien stupide.

G. – Mais que prétendez-vous ?

R. – J'affirme tout simplement qu'ils sont révolutionnaires objectivement et subjectivement, de manière tout à fait consciente.

G. – Quoi, les banquiers ? Vous êtes fou !

R. – Moi, non ... Et vous ? Réfléchissez un peu. Ces gens-là sont comme vous et moi. La situation qui fait qu'ils sont les maîtres des monnaies en quantités illimitées, puisqu'ils les créent par eux-mêmes, ne nous permet pas de fixer les limites de leurs ambitions ... S'il y a quelque chose qui satisfasse pleinement l'homme, c'est bien de satisfaire son ambition, et par-dessus tout de satisfaire sa volonté de puissance. Pourquoi donc ces gens-là, les banquiers, n'auraient-ils pas la soif du pouvoir, du pouvoir total ? Exactement comme vous ou moi pouvons l'avoir ?

G. – Mais si selon vous, et je le pense aussi, ils possèdent déjà le pouvoir politique global, quel autre pouvoir veulent-ils donc posséder ?

R. – Je vous l'ai déjà dit : le pouvoir absolu. Le même pouvoir que Staline a dans l'U.R.S.S., mais dans le monde entier.

G. – Le même pouvoir que Staline, mais alors dans un objectif opposé.

R. – Le Pouvoir, lorsqu'il est réellement absolu, ne peut qu'être unique. L'idée de l'absolu exclut la multiplicité. C'est la raison pour laquelle le pouvoir poursuivi par le Komintern et le « Kapintern », qui sont des choses du même ordre, étant absolu, doit en politique également être unique et identique : le pouvoir absolu est à lui-même sa propre fin, autrement il ne serait pas absolu. Et jusqu'à présent, on n'a pas encore inventé d'autre machine de pouvoir total que l'État Communiste. Le pouvoir bourgeois capitaliste, même à l'échelon le plus élevé, le pouvoir d'un César, reste un pouvoir limité, car s'il était en théorie la personnification de la divinité dans les Pharaons et dans les Césars de l'Antiquité, du fait des conditions économiques d'alors et du sous-développement de l'appareil d'État il y avait cependant toujours place pour la liberté individuelle. Comprenez-vous alors que ceux qui dominent en partie les nations et les gouvernements du monde aujourd'hui puissent avoir des prétentions à une domination absolue ? Comprenez bien que c'est la seule chose qu'il leur reste à obtenir ...

G. – Voilà qui est intéressant, au moins comme exemple de folie.

R. – Certainement, mais folie à un bien moindre degré que celle de Lénine qui rêvait d'asseoir son pouvoir sur le monde entier dans sa mansarde en Suisse, ou celle de Staline rêvant à la même chose durant son exil dans une cabane en Sibérie. Il me semble que des rêves d'une telle ambition sont beaucoup plus naturels de la part d'hommes d'argent vivant dans les gratte-ciel de New York.

G. – Alors concluez, qui sont-ils ?

R. – Êtes-vous assez naïf pour penser que si je savais qui « ils » sont, je serais ici prisonnier ?

G. – Pourquoi ?

R. – Pour la raison bien simple que celui qui est de

leur cercle ne serait pas dans une situation l'obligeant à leur rendre des comptes ... C'est une règle élémentaire de toute conspiration intelligente, que vous devez bien comprendre.

G. – Mais vous avez dit qu'ils sont les banquiers ?

R. – Non je ne l'ai pas dit. J'ai toujours parlé de l'Internationale de la Finance, et quand il s'est agi de parler des individus, j'ai utilisé le terme « ils », sans plus. Si vous voulez que je vous informe franchement, alors je vous citerai des faits, mais aucun nom, parce que je les ignore ... je ne pense pas me tromper en vous disant qu'aucun d'eux n'est une personne occupant un poste politique ou une position dans la banque mondiale. Comme je l'ai compris après l'assassinat de Rathenau à Rapallo, ceux à qui « ils » donnent les positions éminentes de la politique et des finances ne sont que des intermédiaires. Évidemment, il s'agit de personnes de toute confiance et loyales, qui donnent mille garanties. On peut donc affirmer que banquiers et politiciens ne sont que des hommes de paille ... cela malgré le fait qu'ils occupent de très hauts postes et qu'ils apparaissent comme étant les auteurs des plans qui sont menés.

G. – Certes, tout cela est compréhensible et logique, mais lorsque vous déclarez ne pas les connaître, n'est-ce pas une esquive ? Comme il m'en semble, et selon les informations que je possède, vous avez occupé un poste suffisamment haut dans la conspiration pour en avoir su bien davantage encore. Et vous n'en connaissez pas un seul personnellement ?

R. – C'est exact, mais vous ne me croyez pas. J'en étais venu au moment de vous expliquer que je parlais d'une personne et de personnes, avec une personnalité ... comment dirais-je ... mystique peut-être, comme Gandhi ou quelque chose comme cela, mais sans signes extérieurs. Des mystiques du pur pouvoir, qui se sont libérés de toutes les préoccupations vulgaires et frivoles. Je ne sais pas si vous me comprenez ? Eh bien, quant à leurs lieux de résidence et à leurs noms, je les ignore ... Imaginez Staline actuellement, dirigeant réellement l'U.R.S.S., mais qui ne serait pas entouré de murailles, qui n'aurait pas de personnel autour de lui, et qui aurait pour sa vie les mêmes garanties que n'importe quel autre citoyen. Par quels moyens pourrait-il se protéger contre les attentats à sa vie ? Il est avant tout un conspirateur, et quelle que soit l'importance de son pouvoir, il est anonyme.

G. – Tout ce que vous me dites est logique, mais je ne vous crois pas.

R. – Mais si, croyez-moi ! Je ne sais rien ; si je savais, comme je serais heureux ! Je ne serais pas ici à défendre ma vie. Je comprends bien vos doutes et le fait que par suite de votre éducation policière vous ressentiez le besoin de connaître des noms. Pour vous honorer et aussi parce que c'est essentiel pour l'objectif que nous nous sommes mutuellement fixés, je ferai tout mon possible pour vous informer. Vous savez que selon l'histoire non écrite et connue seulement de nous, le fondateur de la première Internationale Communiste est connu — secrètement bien sûr — comme étant Weishaupt. Vous vous souvenez de son nom ? Il fut le chef de la Maçonnerie connue sous le nom des Illuminati ; il avait emprunté ce nom à la deuxième conspiration anti-chrétienne de notre ère, le gnosticisme. Cet important révolutionnaire, sémite et ancien jésuite, prévoyant le triomphe de la Révolution française, décida, ou peut-être reçut l'ordre (certains mentionnent comme son chef le grand philosophe Mendelssohn) de fonder une organisation secrète qui devait provoquer et pousser la Révolution Française à aller bien au-delà de ses objectifs politiques, dans le but de la transformer en une révolution sociale pour établir le Communisme. Dans ces temps héroïques, il était extrêmement dangereux de mentionner le Communisme comme objectif, d'où dérivent les diverses précautions et le secret qui entourèrent les Illuminati. Il fallut plus de cent ans avant que quelqu'un pût avouer être communiste sans danger d'être mis en prison ou exécuté. On sait plus ou moins tout cela.

Ce qui est moins connu, ce sont les relations de Weishaupt et de ses successeurs avec les premiers des Rothschild. Le secret de l'enrichissement des plus célèbres des banquiers pourrait bien s'expliquer par le fait qu'ils étaient les trésoriers de ce premier Komintern. On a les preuves que lorsque les cinq frères se répartirent sur les cinq principales provinces de l'Empire financier de l'Europe, ils furent aidés en secret par les énormes montants de ces réserves. Il est fort possible qu'ils aient été les premiers communistes sortis des catacombes bavaroises, se répandant alors déjà sur toute l'Europe. Mais d'autres disent, et je pense, avec de meilleures raisons, que les Rothschild n'étaient pas les trésoriers, mais les chefs de ce premier Communisme secret. Cette opinion repose sur le fait bien connu que Marx et les plus hauts dirigeants de la Ie Internationale, (alors déjà l'Internationale avouée et publique) et parmi eux Herzen et Heine, étaient sous la direction du Baron Lionel de Rothschild, dont le portrait comme révolutionnaire a été dépeint par Disraëli.[3] Disraëli, le Premier ministre britannique, qui était sa créature, en a fait un portrait qu'il nous a donc laissé. Il l'a décrit sous les traits du personnage Sidonia, un homme qui d'après le roman était à la fois un multi-millionnaire, possédait et dirigeait les espions, les carbonari, les francs-maçons, les juifs secrets, les gitans, les révolutionnaires, etc, etc. Tout cela semble fantastique, mais il a été prouvé que Sidonia est bien le portrait idéalisé du fils de Nathan de Rothschild, ce que l'on peut également déduire de la campagne qu'il mena contre le Tsar

---

[3] Dans *Coings* (*note du traducteur*)

Nicolas en faveur de Herzen. Cette campagne, il la gagna. Si tout ce que l'on peut deviner à la lumière de ces faits est vrai, alors je pense que nous pourrons en induire qui a inventé cette terrible machine de l'accumulation et de l'anarchie qu'est l'Internationale de la Finance. Et que en même temps, comme je le pense, ce pourrait bien être la même personne qui aurait créé l'Internationale révolutionnaire. Ce fut une action de génie. Créer à l'aide de l'accumulation capitaliste au plus haut degré, ce qui pousse le prolétariat aux grèves, à semer le désespoir, et en même temps à créer des organisations destinées à unir les prolétaires en vue de les mener à la révolution. Voilà bien qui est écrire le chapitre le plus majestueux de l'Histoire. Mieux encore, rappelez-vous cette phrase de la mère des cinq frères Rothschild : « Si mes fils le veulent, alors il n'y aura plus de guerres ». Cela veut dire qu'ils étaient les arbitres, les maîtres de la paix et de la guerre, sans être empereurs. Pouvez-vous vous représenter un fait d'une telle importance cosmique ? La guerre n'est-elle pas déjà une opération révolutionnaire ? La Guerre — la Commune. Depuis cette époque, chaque guerre a été un pas de géant en direction du Communisme. Comme si une force mystérieuse accomplissait le vœu passionné de Lénine, qu'il avait exprimé à Gorki. Souvenez-vous : 1905-1914. Admettez au moins que deux des trois leviers du pouvoir qui mènent au Communisme ne sont pas aux mains du prolétariat, et ne peuvent pas l'être. Les guerres n'étaient ni provoquées et dirigées ni par la IIIe

Internationale, ni par l'U.R.S.S. qui n'existait pas encore à l'époque. Elles ne pouvaient pas non plus avoir été provoquées et moins encore dirigées par les petits groupes de bolchevistes qui allaient et venaient dans les milieux de l'émigration, même si eux voulaient la guerre. C'est tout à fait évident. L'Internationale et l'U.R.S.S. ont encore moins de possibilité de réaliser ces immenses accumulations de capital, et aussi de créer l'anarchie nationale et internationale dans la production capitaliste, une comme celle qui est capable de pousser impérieusement le peuple à incendier d'énormes quantités de produits alimentaires plutôt que de les donner à ceux qui ont faim, et capable aussi de ce que Rathenau a décrit dans l'un de ses mots : « de faire en sorte que la moitié du monde fabrique de la m.... et que l'autre moitié l'utilise ». Et surtout, le prolétariat peut-il dire que c'est lui qui est cause de cette inflation qui se développe en progression géométrique, de cette dévaluation, de la constante acquisition de surplus de valeurs et de l'accumulation du capital financier mais non usuraire, et qu'alors, de ce simple fait, il se produit une prolétarisation des classes moyennes, du fait qu'elles ne peuvent empêcher la baisse constante de leur pouvoir d'achat, elles, qui sont les véritables opposants à la révolution.

Le prolétariat ne contrôle ni le levier de l'économie, ni le levier de la guerre. Mais il est par lui-même le troisième levier, celui de la révolution, le seul levier visible et démontrable, celui qui donne le coup de grâce au pouvoir de l'État capitaliste et s'en empare. Oui, celui-là le peuple le saisit, mais seulement s'» ils » le lui donnent !

G. – Je répète une fois encore que tout cela, tout ce que vous avez exposé sous une forme si littéraire, a un nom que nous avons déjà répété mille fois dans cette conversation sans fin : ce sont les contradictions naturelles du Capitalisme, et si comme vous le prétendez, il y a en plus la volonté et l'activité de quelqu'autre facteur que le prolétariat, alors je veux que vous me citiez concrètement un exemple de personne.

R. – Un seul vous suffit ? Eh bien, alors, écoutez une petite histoire. « Ils » isolèrent diplomatiquement le Tsar, en vue de la guerre Russo-japonaise, et les États-Unis financèrent alors le Japon. Pour mettre les points sur les i, ce fut l'œuvre de Jacob Schiff, le directeur de la banque de Kuhn, Loeb and Co, qui succéda à la Maison Rothschild, dont Schiff provenait au départ. Son pouvoir était tel qu'il obtint que les États qui avaient des possessions coloniales en Asie soutiennent la création de l'Empire Japonais, alors que celui-ci tendait à la xénophobie et l'Europe sent déjà les effets de la xénophobie anti-blanche. Ce fut alors des camps de prisonniers de guerre qu'arrivèrent à Petrograd les meilleurs combattants, désormais entraînés comme agents révolutionnaires ; ils y furent envoyés à partir d'Amérique, avec l'accord du Japon, accord obtenu par les personnes qui avaient financé ce pays. Grâce à la défaite organisée de l'Armée du Tsar, la guerre Russo-japonaise amena la révolution de 1905, laquelle, bien que prématurée, faillit bien réussir ; et même si elle ne fut pas victorieuse, il reste qu'elle créa les conditions politiques requises pour la victoire de 1917.

Mais je dirai plus. Avez-vous lu la biographie de Trotsky ? Rappelez-vous sa première période révolutionnaire. C'est encore un tout jeune homme ; après son évasion de Sibérie, il vécut quelque temps parmi les émigrés, à Londres, à Paris et en Suisse. Lénine, Plekhzanov, Martov et d'autres leaders le considèrent alors simplement comme une nouvelle recrue pleine de promesses. Mais déjà lors de la première scission, il ose se comporter avec indépendance en essayant de devenir l'arbitre de la réunification. En 1905, il a vingt-cinq ans, et il retourne en Russie, seul, sans parti à lui, et sans organisation propre. Lisez donc les relations de la révolution de 1905 qui n'ont pas été « expurgés » par Lénine, par exemple celle de Lunatcharsky, qui n'était pas trotskyste. Trotsky est le personnage principal à Petrograd durant la révolution. Voilà ce que fut la réalité. Lui seul émerge de la révolution avec une popularité et une influence grandissante. Ni Lénine, ni Martov, ni Plekhzanov n'acquièrent de popularité. Ils ne font que garder l'audience qu'ils avaient, et même en perdent un peu. Comment et pourquoi s'élève alors Trotsky, l'inconnu, gagnant d'un coup un pouvoir plus grand que celui des révolutionnaires les plus anciens et les plus influents ? C'est très simple, il se marie. Avec lui arrive en Russie sa femme, Sedova. Savez-vous qui elle est ? Elle est alliée aux Zhivotovsky, qui sont eux-mêmes liés aux banquiers Warburg, associés et parents de Jacob Schiff, c'est-à-dire du groupe financier qui, comme je viens de le dire, avait aussi financé la révolution de 1905. Voilà la raison pour laquelle Trotsky d'un coup s'élève au sommet de la hiérarchie révolutionnaire. Et c'est aussi là que vous trouvez la clef de sa vraie personnalité. Sautons maintenant à 1914. Derrière ceux qui firent l'attentat contre l'Archiduc, il y a Trotsky, et vous savez que cet attentat provoqua la guerre européenne. Croyez-vous réellement que l'assassinat en question et la guerre ne furent que de simples coïncidences ... comme le déclara Lord Melchett à l'un des Congrès sionistes ? Étudiez à la lumière de « l'absence de hasard » le développement des actions militaires de la Russie. Le « défaitisme » est le terme qui s'impose. L'aide des Alliés au Tsar a été administrée et réglée si habilement qu'elle donna aux ambassadeurs alliés le droit d'en tirer argument pour obtenir de Nicolas II et grâce à sa stupidité des offensives suicidaires, lancées l'une après l'autre. La masse de chair à canon du peuple russe était immense, mais pas inépuisable. Une série de défaites organisées amena la révolution. Quand la menace apparut de tous côtés, on découvrit remède sous forme de l'établissement d'une république démocratique, « une république ambassadrice » comme l'appela Lénine, ce qui signifiait l'élimination de toute menace pour les révolutionnaires. Mais ce ne fut pas encore tout. Kerensky devait provoquer la future attaque au prix d'une énorme saignée. Il la provoque, afin que la révolution démocratique déborde bien au-delà de ses bornes. Et ce n'est toujours pas tout : il fallait que Kerensky livre l'État totalement au Communisme, et il le fait. Trotsky a la chance, et d'une manière « non remarquée », d'occuper tout l'appareil d'État. Quel étrange aveuglement ! Eh bien, telle fut la réalité de la Révolution d'octobre tant vantée. Les Bolcheviques s'emparèrent de ce qu'» ils » leur ont donné.

G. – Vous allez jusqu'à dire que Kerensky était un collaborateur de Lénine ?

R. – De Lénine, non, de Trotsky, oui. Ou plutôt, il est plus exact de dire un collaborateurs d'eux.

G. – Mais c'est absurde !

R. – Décidément vous ne pouvez pas comprendre ... Vous pourtant ... Cela me surprend néanmoins. Si vous étiez un simple espion et que, cachant votre identité, vous obteniez le poste de commandant de la citadelle ennemie, est-ce que vous ne feriez pas ouvrir les portes aux attaquants au service desquels vous êtes en réalité ? Vous n'auriez pas été fait prisonnier après avoir été défait ? N'auriez-vous pas été en grand danger de mort pendant l'attaque de la citadelle, si l'un des attaquants, ignorant que votre uniforme n'était qu'un masque, vous avait pris pour un ennemi ? Croyez-moi, en dépit des statues et du Mausolée, le Communisme doit davantage à Kerensky, qu'à Lénine.

G. – Voulez-vous dire que Kerensky a été délibérément et consciemment un défaitiste ?

R. – Certainement ! Pour moi c'est parfaitement clair. Comprenez bien que j'ai pris part personnellement à tout cela. Mais je vous dirai plus encore. Savez-vous qui finança la révolution d'Octobre ? C'est eux qui la financèrent, en particulier à travers les mêmes banquiers qui avaient financé le Japon en 1905, à savoir Jacob Schiff et les frères Warburg ; c'est-à-dire, au travers de la grande constellation bancaire, par l'une des cinq banques qui sont membres de la Réserve Fédérale, la banque de Kuhn, Loeb& Co. Maisy prirent part également d'autres banquiers américains et européens : Guggenheim, Hanauer, Breitung, Aschberg, la « Nya Banken » de Stockholm. J'étais justement là à Stockholm, « par hasard », et j'ai participé au transfert des fonds. Jusqu'à l'arrivée de Trotsky, j'étais la seule personne qui servait d'intermédiaire du côté des révolutionnaires. Mais finalement Trotsky vint ; il me faut souligner le fait que les Alliés l'avaient fait expulser de France comme étant un défaitiste. Et les mêmes Alliés l'ont relâché pour qu'il puisse être un défaitiste en Russie, leur allié ... « un autre hasard ». Qui arrangea cela ? Les mêmes qui avaient réussi à faire transiter Lénine à travers l'Allemagne. Oui, ils avaient pu faire sortir le défaitiste Trotsky d'un camp d'internement au Canada pour le faire passer en Angleterre et l'envoyer en Russie, en lui donnant la chance de passer à travers tous les contrôles des Alliés, et d'autres, qui étaient également des leurs — spécialement un certain Rathenau — organisent le voyage de Lénine à travers l'Allemagne ennemie. Si vous entreprenez d'étudier l'histoire de la révolution et de la guerre civile sans préjugés, et si vous faites usage de vos capacités d'investigation que vous savez appliquer à des choses bien moins importantes, alors, en étudiant les éléments d'information dans leur totalité et si vous examinez aussi les petits détails jusqu'aux événements anecdotiques, vous vous trouverez en présence de toute une série d'étonnants « hasards ».

G. – D'accord. Acceptons l'hypothèse que tout ne fut pas simple affaire de chance. Quelle déductions en tirez-vous pratiquement comme résultats ?

R. – Permettez-moi de finir cette petite histoire, et alors ensuite nous en arriverons tous deux aux conclusions. Dès son arrivée à Petrograd, Trotsky fut publiquement reçu par Lénine. Or, comme vous le savez, entre les deux révolutions il y avait eu de graves divergences entre eux. Là tout est oublié, et Trostky émerge comme le maître de son affaire en ce qui concerne le triomphe de la révolution, que cela plaise ou non à Staline. Pourquoi cela ? Ce secret est connu de la femme de Lénine, Krupskaïa. Elle connaît qui est en réalité Trotsky ; c'est elle qui persuada Lénine de recevoir Trotsky. S'il ne l'avait pas reçu, Lénine serait resté bloqué en Suisse ; cela seul lui était une raison sérieuse, mais en plus, il savait que Trotsky fournissait l'argent et aidait à obtenir une aide internationale colossale. La preuve en était le train plombé qui l'avait amené. En outre, l'unification de toute l'aile gauche du camp révolutionnaire, des Sociaux-révolutionnaires et des Anarchistes autour du Parti insignifiant des Bolcheviques était l'œuvre de Trotsky, et non de la détermination inflexible de Lénine. Ce n'était pas pour rien que le parti réel du sans-parti Trotsky était l'ancien Bund du prolétariat juif, non pas le Bund officiel bien connu mais le Bund secret, qui avait infiltré toutes les factions socialistes, et dont les leaders étaient sous sa direction.

G. – Et Kerensky aussi alors ?

R. – Kerensky également ... et aussi certains des autres leaders qui n'étaient pas socialistes, les leaders des groupes politiques bourgeois.

G. – Comment cela se fait-il ?

R. – Oubliez-vous le rôle de la Franc-maçonnerie dans la première phase de la révolution démocratique bourgeoise ?

G – Étaient-ils aussi sous le contrôle du Bund ?

R. – Bien entendu, comme intermédiaire immédiat, mais en fait aussi sous leur direction à « eux ».

G. – En dépit alors de la montée du Marxisme qui menaçait leurs vies et leurs privilèges ?

R. – Oui en dépit de tout cela ; car à l'évidence ils ne voyaient pas le danger. Ayez à l'esprit que tout maçon voyait et espérait dans son imagination bien plus que ce que la réalité offrait, parce qu'il imaginait ce qui lui était profitable.

Comme preuve de la puissance politique de cette organisation, ils voyaient que les maçons étaient dans les gouvernements et au sommet des États des nations bourgeoises, cependant que leur nombre croissait constamment. Réfléchissez qu'à la même époque, les dirigeants des nations Alliées étaient francs-maçons, sauf de rares exceptions. Pour eux, c'était un argument d'une très grande force. Ils croyaient tout à fait que la révolution s'arrêterait au stade de la république bourgeoise du type français.

G. – D'après la description que l'on a donnée de la Russie de 1917, il fallait être très naïf pour croire tout cela.

R. – Ils l'étaient en effet et le sont toujours. Les maçons n'avaient rien appris de la première leçon que fut pour eux la Grande Révolution (de 1789) dans laquelle ils jouèrent un rôle révolutionnaire colossal. Elle dévora pourtant la majorité des maçons, à commencer par le Grand Maître de la Loge d'Orléans, plus correctement Louis XVI, pour se poursuivre en détruisant les Girondins, puis les Hébertistes, les jacobins, etc ... et s'il en survécut quelques-uns, ce fut grâce au mois de Brumaire.

G. – Voulez-vous dire que les francs-maçons doivent périr des mains de la Révolution qu'ils amènent et à laquelle ils coopèrent ?

R. – Très exactement ! Vous venez de prononcer une vérité, qui est voilée par un grand secret. Je suis maçon, vous le saviez, n'est-ce pas ? Eh bien je vais vous révéler ce grand secret qu'ils promettent de révéler aux maçons des plus hauts grades, mais qui ne le leur est jamais dévoilé, ni au 25e degré, ni au 33e, ni au 93e, ni à aucun autre degré plus élevé d'aucun rituel. Il est clair que si je le connais, ce n'est pas en tant que franc-maçon, mais comme quelqu'un qui est des leurs ...

G. – Et de quoi s'agit-il ?

R. – Chaque organisation maçonnique s'efforce d'arriver à créer les conditions nécessaires au triomphe de la révolution communiste ; c'est le but évident de la Franc-Maçonnerie. Il est clair que tout cela s'effectue sous divers alibis ; mais ils se cachent toujours derrière leur triple slogan.[4] Vous comprenez ? Mais comme la révolution communiste a pour objectif la liquidation en tant que classe de la totalité de la Bourgeoisie, la destruction physique de tous les chefs politiques bourgeois, il s'ensuit que le vrai secret de la Franc-Maçonnerie est le suicide ... de la Franc-Maçonnerie en tant qu'organisation, et le suicide physique de tous les maçons importants ! Vous pouvez bien comprendre qu'une telle fin, que chaque maçon contribue à préparer, exige le secret absolu, avec le décorum et toute une série d'autres secrets qui visent à masquer celui-là, le vrai secret. Si un jour il vous arrive d'assister à une future révolution, ne manquez pas l'occasion d'observer les manifestations de surprise et l'expression de stupidité qui paraît sur la figure de certains francs-maçons lorsqu'ils réalisent soudain qu'ils doivent mourir des mains des révolutionnaires. Comme il hurle alors et veut que l'on reconnaisse les services qu'il a rendus à la révolution ! C'est une vision devant laquelle on peut mourir ... mais de rire.

G. – Et vous niez encore la stupidité de la bourgeoisie ?

R. – Je la nie dans la bourgeoisie en tant que classe, mais pas dans certains de ses secteurs. L'existence de maisons de fous ne prouve pas que la folie soit

---

[4] Liberté, Egalite, Fraternité ... (*note du traducteur*)

universelle. La Franc-Maçonnerie est aussi une maison de fous, mais en liberté. Mais je poursuis. La révolution avait été victorieuse ; la prise du pouvoir s'était accomplie. Alors survint le premier problème : la paix, et, avec elle, les premières divergences dans le parti, auquel participent les forces de la coalition et qui a le bénéfice du pouvoir. Je ne vais pas vous expliquer ce qui est bien connu de la lutte qui se développa à Moscou entre partisans et opposants à la paix de Brest-Litovsk. Je me bornerai à relever ce qui alors était déjà devenu évident et qui devint l'opposition Trotskyste, c'est-à-dire ceux qui, pour certains ont été liquidés et pour d'autres vont l'être ; ils étaient tous contre la signature de ce traité de paix. Cette paix était une faute et une trahison inconsciente par Lénine de la Révolution internationale. Imaginez les Bolcheviques à Versailles, à la Conférence de la Paix et ensuite dans la Ligue des Nations, se retrouvant en Allemagne avec l'Armée Rouge qui avait été armée et développée par les Alliés. L'État Soviétique aurait alors participé en armes à la révolution Allemande ... C'est une toute autre carte de l'Europe qui en aurait résulté. Mais Lénine enivré du pouvoir, et avec l'aide de Staline qui avait également goûté aux fruits du pouvoir, soutenus par l'aile nationale russe du Parti disposant des ressources matérielles, imposèrent leur volonté. C'est là que naquit le concept du « Communisme dans un seul pays », du National-Communisme, qui a atteint aujourd'hui son apogée sous Staline. Il est évident qu'il y eut lutte, mais seulement sous une forme et un degré tel que l'État Communiste ne fût pas détruit.

Cette condition impérative lia l'opposition durant tout le cours de sa lutte ultérieure, jusqu'aujourd'hui. Ce fut la raison de notre premier échec et de ceux qui suivirent. Mais la lutte fut sévère, cruelle, bien que cachée pour ne pas compromettre notre participation au pouvoir. Trotsky organisa avec l'aide de ses amis l'attentat de Kaplan contre la vie de Lénine. Sur ses ordres, Blumkine assassina l'ambassadeur Mirbach. Le coup d'État qui fut préparé par Spiridonova avec ses Sociaux-révolutionnaires avait aussi été coordonné par Trotsky. L'homme qu'il avait choisi pour ces opérations, et qui était hors de tout soupçon, était Rosenblum, un juif lithuanien qui utilisait le pseudonyme de O'Reilly et qui était connu pour être le meilleur espion des Services Secrets britanniques. En réalité c'était un de leurs hommes. La raison pour laquelle le fameux Rosenblum avait été choisi était parce qu'en cas d'échec, la responsabilité en retomberait, non pas sur Trotsky ni sur nous, mais sur l'Angleterre. C'est ce qui advint effectivement. Grâce à la guerre civile, nous pûmes abandonner les méthodes terroristes et conspiratrices, puisque nous avions alors la chance d'avoir désormais entre nos mains les forces de l'État en ce sens que Trotsky était devenu l'organisateur et le chef de l'Armée Soviétique. Avant, l'armée avait reculé constamment devant les armées Blanches, et le territoire de l'U.R.S.S. avait rétréci aux dimensions de ce qui formait l'ancienne Principauté de Moscou. Mais là, tout à coup comme par magie, elle commence à vaincre. Pourquoi, selon vous ? Est-ce le résultat de la magie, ou de la chance ? Eh bien je vais vous le dire : quand Trostky prit le commandement suprême de l'Armée Rouge, il eut désormais dans les mains par le fait même les forces pour prendre le pouvoir. Une série de victoires allait accroître son prestige et ses forces ; il devenait possible de vaincre les Blancs. Pensez-vous véridique l'histoire officielle qui attribue à l'Armée Rouge mal armée et indisciplinée le fait que par elle furent obtenues toute une série de victoires ?

G. – Par qui d'autre alors ?

R. – Pour quatre-vingt-dix pour cent, elles étaient dues à « eux ». Il ne faut pas oublier que les Blancs étaient à leur manière des démocrates. Les Mencheviks étaient avec eux, ainsi que les restes des anciens Partis Libéraux. À l'intérieur de ces forces « ils » avaient toujours eu à leur service beaucoup de gens qui les servaient, les uns délibérément, les autres inconsciemment. Dès que Trotsky eut pris le commandement, ces gens-là reçurent l'ordre de trahir systématiquement les Blancs, et en même temps on leur promit une participation à plus ou moins court terme au Gouvernement Soviétique. Maïsky était l'un d'eux, l'un des rares pour lesquels cette promesse fut tenue, mais il ne l'obtint qu'après que Staline se fut convaincu de sa loyauté.

Ces trahisons, associées à la progressive diminution de l'aide des Alliés aux Généraux des Blancs, qui en plus de tout cela étaient de malheureux incapables, les força à subir défaite après défaite. Finalement Wilson introduisit dans ses célèbres quatorze points le point 6 dont l'existence suffit à mettre un point final aux tentatives des Blancs de combattre l'U.R.S.S. La guerre civile confortait ainsi la position de Trotsky comme héritier de Lénine. Car il l'était effectivement, c'est indubitable. Le vieux révolutionnaire pouvait alors mourir auréolé de gloire. S'il demeura en vie malgré la balle tirée par Kaplan, il ne survécut pas à la procédure secrète qui l'acheva.

G. – Trotsky abrégea sa vie ? Voilà un point extrêmement avantageux pour notre procès. N'était-ce pas Lévine qui était le médecin de Lénine ?

R. – Trotsky ?... Il est probable qu'il y trempa, et il est en tout cas certain qu'il fut au courant. Mais quant à la réalisation technique ... c'est un détail de peu d'importance ; qui le sait au juste ? « Ils » ont à leur disposition un nombre suffisant de canaux pour atteindre qui ils veulent.

G. – En tout cas, l'assassinat de Lénine est une question de la plus haute importance, qu'il vaudrait la peine de faire examiner lors du prochain procès

... Qu'en pensez-vous Rakowsky, en supposant que « par hasard « vous ayez été l'auteur du meurtre ? Il est clair que si vous ne donnez pas un tour satisfaisant à la conclusion de cet entretien ... l'exécution technique de l'affaire en question vous irait bien en tant que médecin ...

R. – Je ne vous le conseille pas. Laissez donc cette question. Elle est suffisamment dangereuse pour Staline en personne. Car vous pourrez toujours semer votre propagande autant que vous le voudrez, mais eux ont aussi leur propagande, et qui est la plus puissante, car la question du « à qui profite » le crime, forcera tout un chacun à voir en Staline l'assassin de Lénine, et cet argument là sera bien plus fort que n'importe quelle confession arrachée de Lévine, de moi ou de n'importe qui.

G. – Que voulez-vous dire par là ?

R. – Que c'est la règle classique et infaillible pour déterminer le meurtrier que de rechercher à qui cela a profité ... Et en ce qui concerne l'assassinat de Lénine, dans ce cas, le bénéficiaire c'était son chef : Staline. Pensez-y, et maintenant je vous demande instamment de ne plus faire ce genre de remarques, parce qu'elles me distraient et m'empêchent de finir.

G. – Très bien, continuez, mais vous êtes averti ...

R. – Tout le monde sait que si Trotsky n'hérita pas

de Lénine, ce ne fut pas dû à une erreur humaine, au fait que quelque chose ait été omis dans le plan. Au cours de la maladie de Lénine, Trotsky tint en mains tous les fils du pouvoir, ce qui était plus que suffisant pour lui permettre de succéder à Lénine, et des mesures avaient été prises pour condamner Staline à mort. Pour Trotsky le dictateur, il lui suffisait pour liquider Staline d'avoir en sa possession la lettre d'accusation de Lénine contre son chef d'alors Staline, cette lettre que sa femme Krupskaia lui avait arrachée des mains. Mais une stupide malchance, comme vous le savez, ruina toutes nos chances. Trotsky tombe alors inexplicablement malade, et cela au moment décisif lorsque Lénine meurt, et il devient incapable de toute action pendant un intervalle de plusieurs mois. En dépit du fait que notre organisation de l'affaire disposait d'énormes avantages, l'obstacle provenait dès lors d'elle-même, c'est-à-dire de sa centralisation sur une seule personne. Car il est évident qu'un homme comme Trotsky, préparé d'avance à sa mission et pour ce qu'il devait réaliser, ne se remplace pas sur l'heure et de manière improvisée. Personne parmi nous, et pas même Zinoviev, n'avait reçu la formation nécessaire et ne possédait les qualités requises pour une telle entreprise. Et d'autre part

Trotsky, craignant lui-même d'être remplacé, ne voulait aider personne. Ainsi, après la mort de Lénine, quand nous dûmes faire face à Staline qui commençait à montrer une activité fiévreuse, notre défaite au Comité Central devint alors prévisible. Nous eûmes à prendre une décision improvisée, et ce fut de nous rallier à Staline, de devenir plus staliniens que lui, d'exagérer en tout, et ainsi de saboter son action. Le reste, vous le savez déjà : ce fut notre lutte souterraine continue et nos continuels échecs à l'avantage de Staline, alors qu'il montre un talent policier génial, absolument sans équivalent dans le passé. Et j'ajouterai encore ceci : parce qu'il possède un atavisme national que son marxisme précoce n'a pas réussi à déraciner en lui, Staline pour cette raison souligne son pan Russianisme, et à cet égard ressuscite une classe que nous voulions détruire, celle des Nationaux-Communistes, qui s'oppose aux Communistes internationalistes que nous sommes. Il met l'Internationale au service de l'U.R.S.S., et celle-ci accepte sa domination. Si nous voulons trouver un parallèle historique, c'est au bonapartisme qu'il faut faire référence à ce sujet, mais si l'on veut trouver un modèle au type même de Staline, on ne pourra pas trouver de parallèle historique le concernant. Peut-être pourrais-je pourtant le trouver, mais en combinant deux personnalités : Fouché et Napoléon. Essayons de dépouiller ce dernier de sa deuxième moitié, de ses accessoires, ses uniformes, de son rang militaire, de sa couronne et tutti-quanti, qui, semble-t-il n'intéressent pas Staline. Alors à eux deux, ils fournissent un type identique à Staline sous ses aspects essentiels : il est le tueur de la révolution ; il ne la sert pas, mais s'en sert ; il représente le plus ancien impérialisme

Russe, tout comme Napoléon s'identifia avec les Rois de France ; il créa une aristocratie, même si celle-ci ne fut pas militaire car il n'y eut pas de victoires, mais burocratico-policière.

G. – Assez Rakowsky ! Vous n'êtes pas ici pour faire de la propagande trotskyste. Allez-vous enfin en venir à quelque chose de concret ?

R. – Il est bien clair que je vais y venir, mais pas avant d'être arrivé au point où vous vous serez fait pour vous-même une idée au moins superficielle à leur sujet, au sujet de Ceux avec qui vous aurez à compter en pratique et dans la réalité concrète actuelle. Pas avant. Pour moi, comme vous pouvez bien le comprendre, il est encore beaucoup plus important que pour vous de ne pas échouer.

G. – Soit, alors continuez, mais faites aussi court que possible.

R. – Nos échecs, qui empirent alors jour après jour, empêchent de réaliser ce qu'ils avaient préparé pour la période d'après-guerre en vue du nouveau bond en avant de la Révolution. Le Traité de Versailles, tout à fait inexplicable pour les politiciens et les économistes de toutes nations, en ce sens que personne ne put prévoir ses conséquences, était en fait la pré-condition la plus décisive de la Révolution.

G. – Voilà une bien étrange théorie. Expliquez-vous.

R. – Les réparations imposées par Versailles et les limitations économiques n'avaient pas été déterminées en fonction des avantages des diverses nations. Leur somme d'absurdités était si patente que même les économistes les plus éminents des nations victorieuses ne tardèrent pas à le dire. La France à elle seule demandait en réparations bien plus que le coût de tout ce qu'elle possédait, bien plus que ce que l'on aurait dû payer si la France entière avait été réduite à l'état d'un désert comme le Sahara. Mais il y avait pire, c'était la décision d'imposer à l'Allemagne des obligations de paiement qui étaient plusieurs fois supérieures à ce qu'elle pouvait payer, même si elle s'était vendue en totalité et avait fourni la totalité de sa production nationale. Finalement, le vrai résultat fut qu'en pratique l'Allemagne se trouva forcée à faire un dumping fantastique afin de pouvoir payer une partie de ce qu'elle devait ainsi au titre des réparations. Et en quoi consista ce dumping ? En un manque de biens de consommation et en la famine en Allemagne, et en un sous-emploi concomitant chez les pays importateurs de marchandises allemandes. Et comme elles étaient empêchées d'importer, il y eu aussi du chômage en Allemagne. Faim et chômage de part et d'autre : tels furent les premiers résultats du Traité de Versailles ... Alors ce traité était-il révolutionnaire ou pas ?

Mais on fit plus encore : on entreprit une réglementation internationale similaire. Savez-vous ce que cette initiative représente sur le plan de la révolution ? Elle signifie d'imposer une absurdité anarchique, qui force chaque économie nationale à produire en volume suffisant pour tous ses besoins, en assumant que pour y parvenir, on ne doive tenir aucun compte des différences de climat, de richesse naturelle, ni non plus de niveau de formation technique des directeurs ni des ouvriers. Cela signifie que pour compenser les inégalités natives de sol, de climat, de ressources en minerais, en pétrole, etc., etc. des diverses économies nationales, cela imposait en fait aux pays pauvres de travailler davantage. Et donc qu'ils devaient exploiter de façon accrue les capacités de la force de travail afin de compenser les inégalités dues à la pauvreté du sol, et à cela s'ajoutaient les diverses autres inégalités qui devaient être compensées de la même manière, comme par exemple l'équipement industriel. Je ne m'étendrai pas davantage sur ce problème, mais la réglementation de la journée de travail par la Ligue des Nations sur la base du principe abstrait de l'égalité de la durée de travail pour tous, était un fait, dans le contexte d'un système capitaliste de production et d'échange inchangé et d'inégalité économique établi, puisque là on devait se montrer indifférent à l'objectif du travail qui était une production nationale suffisante. Le résultat immédiat de cette mesure fut une production insuffisante, qui fut compensée par des importations provenant des pays qui avaient une économie naturelle suffisante et une auto-suffisance industrielle. Comme l'Europe avait de l'or, les importations furent payées en or. Il se produisit alors un boom en Amérique, qui échangea son immense production contre de l'or et des certificats gagés sur l'or, lesquels abondèrent. Sur le modèle de cette anarchie de la production, apparut alors au cours de cette période une anarchie financière, dont on ne parla pas. « Ils » prirent avantage de la première, au prétexte de l'aider au moyen d'une autre anarchie, encore plus grande : par l'inflation de la monnaie officielle et par l'inflation cent fois plus importante de leur propre monnaie, celle du crédit, c'est-à-dire de la fausse monnaie. Rappelez-vous que survinrent alors des dévaluations systématiques de nombreux pays et l'effondrement de la valeur de la monnaie en Allemagne, puis la crise américaine et ses conséquences formidables ... un chômage record : plus de trente millions de chômeurs pour le seul ensemble de l'Europe et des U.S.A. Eh bien, est-ce que le Traité de Versailles et sa Ligue des Nations n'ont pas servi de pré-conditions révolutionnaires ?

G. – Ceci aurait pu arriver même sans intention. Pourriez-vous, plutôt que ces déductions logiques, me démontrer pourquoi la révolution et le Communisme reculent, et plus encore : ils lui opposent le Fascisme, qui a conquis désormais l'Espagne et l'Allemagne ... Que pouvez-vous me dire là-dessus ?

R. – Je vous dirai que ce n'est que dans le cas où on les ignore, eux et leurs objectifs, que vous auriez alors raison ... mais vous ne devez pas oublier précisément leur existence et leurs objectifs, avec aussi le fait qu'en U.R.S.S., le pouvoir est aux mains de Staline.

G. – Je ne vois pas le rapport.

R – Parce que vous vous refusez à le voir : vous avez pourtant assez de capacités déductives et d'aptitudes au raisonnement. Je le répète encore, pour nous, Staline n'est pas un Communiste, c'est un bonapartiste.

G. – Et alors ?

R. – Nous ne voulions pas que les pré-conditions formidables que nous avions créées à Versailles en faveur de la Révolution communiste mondiale, et qui sont devenues comme vous le voyez une gigantesque réalité, servent finalement à donner la victoire au bonapartisme de Staline ... Est-ce assez clair pour vous ? Tout aurait été différent si Trotsky avait pu être dictateur en U.R.S.S., car cela aurait alors signifié qu'ils devenaient les chefs effectifs de l'Internationale Communiste.

G. – Mais il est sûr que le Fascisme est totalement anti-communiste par rapport au Communisme Trotskyste aussi bien qu'au Communisme Stalinien. Alors, si le pouvoir qu'ils ont — comme vous le prétendez — est si grand, comment n'ont-ils pas pu éviter cela ?

R. – Parce que c'est eux justement qui ont permis à Hitler de triompher.

G. – Vous dépassez là les bornes de l'absurdité.

R. – C'est le résultat de l'absence de culture qui fait que l'absurde et le miraculeux se mêlent. Écoutez-moi donc. J'ai déjà admis la défaite de l'opposition. Ils constatèrent finalement que Staline ne pouvait être évincé par un coup d'État, et leur expérience historique leur suggéra donc la répétition avec Staline de la manœuvre qui avait eu lieu avec le Tsar. Mais il y avait une difficulté qui semblait insurmontable. Dans toute l'Europe, il n'y avait pas un seul État agresseur. Pas un qui fût géographiquement bien placé et avec une armée suffisante pour une attaque contre la Russie. Puisqu'un tel pays n'existait pas, ils décidèrent qu'il leur fallait le créer. Seule l'Allemagne avait la population et une situation adéquates pour une attaque contre l'U.R.S.S., et était capable de vaincre Staline ; or vous comprenez bien que la République de Weimar n'avait pas été inventée pour être un agresseur, ni politiquement ni économiquement — bien au contraire —, elle était faite pour appeler une invasion. Sur l'horizon de l'Allemagne affamée s'éleva alors le météore Hitler. Une paire d'yeux pénétrants fixa son attention sur lui. Le monde fut le témoin de son ascension fulgurante. Je ne prétendrai pas pourtant que tout fut l'œuvre de nos mains, non. Son ascension ininterrompue et sans cesse croissante résulta de l'économie révolutionnaire communiste de Versailles. Versailles avait eu en tête, non pas de créer des préconditions pour le triomphe de Hitler, mais pour la prolétarisation de l'Allemagne, le chômage, et la famine, et dont le résultat aurait dû être le triomphe de la révolution communiste. Mais puisque, du fait de la présence de Staline à la tête de l'U.R.S.S. et de l'Internationale, cette dernière ne put réussir, et aussi parce qu'on ne voulait pas donner l'Allemagne au bonapartisme, ces préconditions furent alors assouplies dans une certaine mesure par les plans Davis et Young, dans l'attente que l'opposition parvienne au pouvoir en Russie ... Mais cela non plus ne se produisit pas. Mais l'existence de préconditions révolutionnaires, elles, produisirent leurs effets. La situation économique de l'Allemagne devait forcer son prolétariat à des actions révolutionnaires. Par la faute de Staline, la révolution internationale sociale dut être retardée, et le prolétariat allemand chercha alors à s'associer à la révolution Nationale-Socialiste. C'était un phénomène dialectique, mais étant donné toutes les conditions du moment, et par le simple bon sens, la révolution Nationale-Socialiste n'aurait jamais pu triompher là. Mais ce n'était pas encore tout. Il fallait, selon les instructions, que les socialistes et les trotskystes divisent les masses selon une pleine conscience de classe déjà éveillée. De cela, nous nous occupons.

Mais il fallait plus encore : en 1929, lorsque le parti National-Socialiste commença de connaître une crise de croissance et manquait de ressources financières, « ils » envoyèrent leur ambassadeur. J'en connais même le nom : c'était l'un des Warburg. Par des négociations directes avec Hitler, ils se mirent d'accord pour financer directement le Parti National-Socialiste, et ce dernier reçut en deux ans plusieurs millions de dollars envoyés de Wall Street, et plusieurs millions de marks en provenance de financiers allemands par l'intermédiaire de Schacht ; c'est ainsi que l'entretien des SS et des SA et aussi le financement des élections qui eurent lieu alors furent effectués par les dollars et les marks fournis par « eux ».

G. – Ceux qui, selon vous, veulent imposer le Communisme plénier, vont alors armer Hitler qui ne jure que d'éradiquer la première nation Communiste. Voilà qui, si l'on doit vous croire, est quelque chose de vraiment très logique pour ces financiers.

R. – C'est que vous oubliez de nouveau le bonapartisme stalinien. Souvenez-vous que contre Napoléon, l'étrangleur de la Révolution et celui qui lui vola sa force, s'élevèrent les révolutionnaires objectifs : Louis XVIII, Wellington, Metternich, et jusqu'au Tsar autocrate ... Ce que je vous dis là est la pure doctrine communiste, garantie 22 carats et conforme à la stricte doctrine stalinienne ! Vous devez connaître par cœur ses thèses au sujet des colonies et des pays impérialistes ... En effet, d'après lui les rois d'Afghanistan et d'Égypte sont objectivement des communistes, de par la lutte qu'ils mènent contre Sa Majesté britannique. Pourquoi alors Hitler ne serait-il pas communiste, puisqu'il combat l'autocrate « Tsar Kobaler » ?[5] Ainsi donc, il y a désormais Hitler avec sa puissance militaire croissante, qui étend déjà les frontières du IIIe Reich, et qui dans le futur fera plus encore ... de façon à acquérir les moyens et les possibilités suffisantes pour attaquer et assurer la destruction totale de Staline ... Ne remarquez-vous pas la sympathie générale des loups de Versailles, qui se bornent désormais à grogner faiblement ? Est-ce là encore un nouveau hasard, un accident ? Hitler envahira l'U.R.S.S., et, comme en 1917 lorsque les défaites subies par le Tsar donnèrent la possibilité de le renverser, de même les défaites de Staline nous permettront de le remplacer ... et alors sonnera l'heure de la Révolution mondiale. Car les États démocratiques, actuellement endormis, nous aideront à opérer le changement général à ce moment-là, lorsque Trotsky aura le pouvoir en mains, tout comme lors de la guerre civile. Hitler attaquera à l'Ouest, ses généraux se soulèveront et le liquideront ... Alors, dites-moi, Hitler n'était-il donc pas objectivement communiste ? Oui ou non ?

---

[5] Staline (*note du traducteur*)

G. – Je ne crois ni aux contes de fées, ni dans les miracles ...

R. – Eh bien, si vous ne voulez pas croire qu'ils sont capables d'accomplir ce qu'ils avaient déjà fait, alors attendez-vous à constater l'invasion de l'U.R.S.S. et la liquidation de Staline d'ici un an. Vous estimez qu'il s'agirait d'un miracle ou d'un accident, eh bien préparez-vous quand même à voir cela et à le vivre ... Mais, bien que ce ne soit encore qu'une hypothèse, vous refusez-vous vraiment à croire ce dont je vous ai parlé ? Si c'est le cas, vous ne commencerez à agir en ce sens qu'au moment où vous commencerez à en constater les preuves, à la lumière de mes paroles.

G. – Soit, parlons-en alors comme d'une supposition. Qu'alliez-vous dire ?

R. – Vous aviez, vous-même, il y a un moment, relevé la coïncidence d'opinion qui eut lieu entre nous. Nous ne sommes pas actuellement intéressés par l'attaque de l'U.R.S.S., puisque la chute de Staline y impliquerait la destruction du Communisme, dont l'existence nous intéresse toujours en dépit du fait qu'il n'est ici que formel, car il nous donne la certitude du succès lorsque nous réussirons à nous en emparer et à le convertir en véritable Communisme. Je pense vous avoir donné ainsi la position actuelle de manière relativement exacte.

G. – Splendide ! Alors la solution ...

R. – Avant tout, il faut nous assurer qu'il n'y ait pas de risque d'une possible attaque de la part d'Hitler.

G. – Si, comme vous l'assurez, ce furent eux qui l'ont fait Führer, ils ont donc barre sur lui et il est forcé de leur obéir.

R. – Je suis allé trop vite ; je ne me suis pas exprimé de manière suffisamment exacte, et vous m'avez mal compris. Il est exact qu'ils ont financé Hitler, mais cela ne voulait pas dire qu'ils lui ont révélé leur existence et leurs objectifs. L'ambassadeur Warburg se présenta sous un faux nom et Hitler ne devina même pas sa race ; il mentit également à propos de ceux dont il était le représentant.

Il déclara à Hitler qu'il avait été envoyé par les cercles financiers de Wall Street qui étaient intéressés à financer le mouvement National-Socialiste dans le but de faire pression sur la France, dont les gouvernements mènent une politique financière qui est un facteur de crise aux U.S.A.

G. – Et Hitler l'a cru ?

R. – Cela, nous l'ignorons. Mais qu'il ait cru ou non nos explications n'était pas si important : notre but essentiel était de provoquer une guerre, et Hitler incarnait la guerre. Est-ce que vous comprenez maintenant ?

G. – Oui, je comprends. Alors comme conséquence, je ne vois pas d'autre moyen de l'arrêter sinon la création d'une coalition entre l'U.R.S.S. et les démocraties qui soit capable d'effrayer Hitler. Car je pense qu'il ne sera pas capable d'attaquer tous les pays du monde simultanément. Tout au plus, il les attaquerait les uns après les autres.

R. – Est-ce qu'une solution plus simple ne vous vient pas à l'esprit ? Disons, contre-révolutionnaire ?

G. – Pour éviter la guerre contre l'U.R.S.S. ?

R. – Raccourcissez cette phrase de moitié ... et répétez avec moi « éviter la guerre ». N'est-ce pas là une chose absolument contre-révolutionnaire ? Tout communiste convaincu qui désire imiter Lénine son idole et les plus grands stratèges révolutionnaires doit toujours souhaiter la guerre. Rien n'est plus efficace que la guerre pour rapprocher la victoire de la révolution. C'est là un dogme marxiste-léniniste que vous devez prêcher. Maintenant, ajoutons ceci : le National-Communisme de Staline, cette sorte de bonapartisme, est capable d'aveugler l'intelligence des communistes les plus intégralement pur-sang, au point de les empêcher de voir que la déviation dans laquelle Staline est tombée, c'est-à-dire de soumettre la révolution à l'État au lieu de soumettre l'État à la révolution, et il serait correct ...

G. – Votre haine de Staline vous aveugle et vous vous contredisez. Ne sommes-nous pas convenus qu'une attaque contre l'Union Soviétique ne serait pas souhaitable ?

R. – Mais pourquoi la guerre devrait-elle nécessairement avoir lieu contre l'U.R.S.S. ?

G. – Contre quel autre pays voulez-vous donc qu'Hitler fasse la guerre ? Il est assez clair que c'est contre l'U.R.S.S. qu'il dirigera son attaque : il le déclare dans tous ses discours. Quelle preuve de plus vous faut-il ?

R. – Si vous, les hommes du Kremlin, vous considérez cela comme certain et indiscutable, pourquoi alors avez-vous donc provoqué la guerre civile en Espagne ? N'allez pas me dire que vous l'avez fait pour des raisons purement révolutionnaires. Staline est incapable de mettre réellement en pratique ne serait-ce qu'une seule théorie marxiste. S'il y avait place là pour des considérations révolutionnaires, ce serait une erreur de sacrifier en Espagne tant d'excellentes forces révolutionnaires internationales. C'est le pays qui est le plus éloigné de l'U.R.S.S., et l'éducation stratégique la plus élémentaire n'aurait pas permis le gaspillage de telles forces ... Comment, en cas de conflit, Staline serait-il capable d'approvisionner et d'apporter une aide militaire à une République Soviétique Espagnole ? Mais il avait néanmoins raison. Il y a là un point stratégique important, un carrefour d'influences opposées entre les États capitalistes ... une guerre entre eux aurait pu ainsi être provoquée. J'admets théoriquement que cette stratégie aurait pu être juste, mais en pratique, non. Vous voyez bien que la guerre entre les États démocratiques et les États fascistes n'a pas éclaté. Maintenant, je vais vous dire : si Staline pensait par là pouvoir de lui-même créer les conditions suffisantes pour susciter une guerre dans laquelle les États capitalistes se seraient battus entre eux, pourquoi n'admet-il pas, ne serait-ce que théoriquement au moins, que d'autres également puissent faire la même chose que ce qui ne lui sembla pas impossible ? ...

G. – En admettant votre postulat, on peut en effet admettre cette hypothèse.

R. – Cela signifie donc qu'il y a un second point d'accord entre nous : le premier était qu'il ne fallait pas qu'il y ait de guerre contre l'U.R.S.S. ; le second est qu'il serait avantageux d'en provoquer une entre les États bourgeois.

G. – Oui, j'en suis d'accord. Mais est-ce votre opinion personnelle ou la leur ?

R. – Je l'exprime comme ma propre opinion. Je n'ai

ni pouvoir, ni contact avec eux. Mais je peux néanmoins confirmer que sur ces deux points, leur vues coïncident avec celles du Kremlin.

G. – C'est la chose la plus importante, et c'est pourquoi il est essentiel de s'en assurer avant tout. Mais j'aimerais savoir sur quoi vous basez votre confiance qu'ils approuvent cela.

R. – Si j'avais le temps de vous expliquer la totalité de leur plan, vous connaîtriez les raisons pour lesquelles ils approuvent notre conclusion. Pour l'instant, je les résumerai à trois.

G. – Lesquelles ?

R. – L'une est celle que j'avais déjà mentionnée. Grâce à son intuition naturelle et contre l'avis technique de Schacht, Hitler, cet individu primaire et sans instruction, a rétabli un système économique de nature très dangereuse. Ignorant tout des théories économiques et guidé seulement par la nécessité, il a évincé, comme nous l'avions fait en U.R.S.S., à la fois le capital international et privé. Cela veut dire qu'il a repris à son avantage exclusif le privilège de créer la monnaie, et cela, non seulement de la monnaie matérielle, mais aussi des monnaies financières : il s'est emparé de la machine intacte de falsification (de la circulation monétaire) et l'a fait travailler au bénéfice de l'État. Il est allé même plus loin que nous, car nous, après l'avoir aboli en Russie, nous l'avons remplacé par ce système grossier appelé Capitalisme d'État : c'était une victoire très coûteuse, en vue des nécessités de la démagogie pré-révolutionnaire ... Je vais vous citer deux faits réels à titre de comparaison. Et je dirai même qu'Hitler a eu de la chance, car il n'avait pratiquement pas d'or, et pour cette raison même, il ne fut pas tenté de créer une réserve d'or. Comme il ne possédait, pour toute garantie financière, que l'équipement technique et la colossale capacité de travail des Allemands, sa « réserve d'or » fut la capacité technique et de travail ... c'est-à-dire une chose si totalement révolutionnaire que, comme par magie, il a radicalement résolu le chômage de plus de sept millions d'ouvriers et de techniciens.

G. – Mais grâce à un réarmement croissant.

R. – Qu'est-ce que vient faire votre réarmement ? Si Hitler est parvenu à ce résultat en dépit de tous les économistes bourgeois qui l'entourent, il était bien capable, en l'absence de tout danger de guerre, d'appliquer un tel système aussi à une production de paix ... Vous imaginez-vous ce qui serait arrivé si un tel système avait infecté un certain nombre d'autres États et amené une période d'autarcie ? Par exemple concernant le Commonwealth. Si vous le pouvez, imaginez alors les effets contre-révolutionnaires ... Le danger n'est cependant pas inévitable, car nous avons eu cette chance qu'Hitler restaura son système économique, non pas en fonction de théories antérieures mais empiriquement, et qu'il n'en tira aucune formulation scientifique ...

En d'autres termes, comme il ne pensa pas sa méthode selon un procédé déductif basé sur le raisonnement, il ne put l'exprimer en termes scientifiques ou en corps de doctrine ; mais il y a cependant un danger latent qu'une telle doctrine se fasse jour à tout moment, à la suite d'une déduction, et soit formulée. C'est un danger très sérieux. Beaucoup plus grave que tous les autres facteurs externes et cruels du National-Socialisme.

Nous n'attaquons pas cet aspect dans notre propagande, car il pourrait se faire qu'à travers les polémiques théoriques suscitées, nous risquions ainsi de provoquer une formulation et une systématisation de cette doctrine économique si décisive. C'est pourquoi il n'y a qu'une solution : la guerre !

G. – Et la deuxième raison ?

R. – Si Thermidor triompha avec la révolution soviétique, ce fut le résultat de l'existence du nationalisme russe antérieur. Sans le nationalisme, le bonapartisme eut été impossible. Et si c'est arrivé en Russie où le nationalisme n'était encore qu'embryonnaire, incarné en la personne du Tsar, alors quels obstacles le marxisme ne doit-il pas surmonter avec les nationalismes pleinement développés d'Europe occidentale ? Marx se trompait à propos des conditions favorisant le succès de la révolution. Le Marxisme triompha, non pas dans les pays les plus industrialisés, mais en Russie où le prolétariat était réduit. Indépendamment de toute autre raison, notre victoire s'explique là par le fait qu'en Russie il n'y avait pas de réel nationalisme, alors que dans les autres pays il était à son apogée. Vous voyez comment s'est produit sa résurgence sous l'extraordinaire pouvoir du Nazisme, et comme il est infectieux. Vous comprenez donc facilement, qu'outre le fait que cela pourrait avantager Staline, la nécessaire destruction du nationalisme vaut à elle seule une guerre en Europe.

G – En somme, Rakowsky, vous avez énoncé une raison économique et une raison politique. Quelle est donc la troisième ?

R. – C'est facile à deviner. Nous avons encore une autre raison : c'est une raison religieuse. Le Communisme ne peut pas vaincre tant qu'il n'aura pas supprimé le Christianisme encore vivant. L'Histoire est très parlante à ce propos : la révolution permanente a demandé dix-sept siècles pour parvenir à sa première et seulement partielle victoire, en créant la grande division de la Chrétienté. En réalité, le Christianisme est notre seul ennemi réel, car toutes les superstructures politiques et économiques des États bourgeois n'en sont que les conséquences. Le Christianisme en étant maître des individus est capable de neutraliser l'avancée révolutionnaire de l'État Soviétique neutre ou athée en l'étouffant, et comme on l'a vu en Russie, on en est arrivé au point de créer le nihilisme spirituel qui domine désormais parmi les masses dirigeantes, mais malgré tout celles-ci sont restées chrétiennes ; cet obstacle n'a donc toujours pas été levé après vingt ans de Marxisme. Admettons à propos de Staline qu'en matière de religion il n'a pas été bonapartiste. Nous n'aurions pas fait mieux que lui, et nous aurions agi de même. Et si Staline avait osé, comme Napoléon, franchir le Rubicon du Christianisme, son nationalisme et la puissance contrerévolutionnaire de celui-ci auraient alors été décuplés. En outre, si c'était arrivé, la divergence avec lui aurait alors été si radicale qu'une collaboration quelle qu'elle soit aurait alors été impossible entre nous et lui, ne serait-ce même qu'à titre temporaire et de manière purement objective ... comme celle qui, comme vous le constatez, devient apparente actuellement pour nous.

G. – Ainsi, je considère personnellement que vous avez donné une définition de trois points fondamentaux sur la base desquels un plan peut être établi. Sur cela, je suis bien d'accord avec vous actuellement. Mais je vous répète mes réserves mentales, c'est-à-dire mes doutes, sur tout ce que vous avez mentionné, concernant les gens, les organisations et les faits. Maintenant poursuivez d'exposer les grandes lignes de votre plan.

R. – Eh bien, nous y sommes arrivés en effet. Mais je ferai seulement une réserve préliminaire : je parle de ma propre responsabilité. Je suis responsable de l'interprétation que j'ai donnée des points évoqués dans le sens dans lequel ils les entendent, mais j'admets qu'ils puissent considérer un autre plan comme étant plus adéquat pour atteindre ces trois objectifs, et celui très différent que je vais énoncer maintenant. Gardez cela à l'esprit.

G. – Très bien, je garderai cela en tête ; continuez je vous prie.

R. – Nous allons simplifier. Puisque manque l'objet pour lequel la puissance militaire allemande avait été créée à savoir nous donner le pouvoir en U.R.S.S., l'objectif est désormais de nous donner une avancée sur tous les fronts et de diriger la poussée hitlérienne non plus vers l'Est mais vers l'Ouest.

G. – Précisément, mais avez-vous pensé au plan de réalisation pratique ?

R. – J'ai eu pour cela à la Loubianka tout le temps nécessaire et même plus. J'ai examiné la question. Alors, voyez : s'il a été difficile de trouver des points d'entente entre nous et que tout le reste a pris ensuite son cours normal, le problème se repose maintenant d'essayer d'établir en quoi consistent les similitudes entre Hitler et Staline.

G. – Oui, mais admettez que tout cela reste problématique.

R. – Problématique, mais pas insoluble comme vous le pensez. En réalité, les problèmes ne sont insolubles que lorsqu'ils incluent des contradictions dialectiques subjectives, et même alors nous considérons une synthèse comme toujours possible et essentielle. Il suffit de surmonter ce que les métaphysiciens chrétiens désignent comme « moralement impossible ».

G. – Vous vous remettez encore à théoriser.

R. – C'est à cause de ma formation intellectuelle : pour moi, c'est essentiel. Les personnes d'une grande culture préfèrent envisager le concret à partir de la généralisation, et non pas faire l'inverse. Avec Hitler et Staline, on peut trouver un terrain commun, car tout en étant des individualités très différentes, ils ont tous deux les mêmes racines. Si Hitler est un sentimental à un degré pathologique alors que Staline est au contraire normal, ce sont l'un et l'autre des égoïstes : ils ne sont idéalistes ni l'un ni l'autre, et c'est pourquoi ce sont tous deux des bonapartistes, c'est-à-dire de classiques impérialistes. Et si telle est bien leur position, il n'est plus difficile désormais de leur trouver un terrain d'entente. Pourquoi pas en effet, s'il a pu s'en trouver un entre une Tsarine et un Roi de Prusse.

G. – Rakowsky, vous êtes incorrigible.

R. – Vous ne devinez pas ? Si la Pologne fut à l'époque le point d'accord entre Catherine, la Tsarine de Russie, et Frédéric le Roi de Prusse, pourquoi donc la Pologne ne pourrait-elle pas servir à trouver un nouveau terrain d'entente entre Hitler et Staline ? En Pologne, les personnalités de Hitler et de Staline peuvent coïncider, ainsi que les deux stratégies tsariste-bolchevique et nazie. Ce sera notre axe, mais c'est aussi le leur, car la Pologne est un État chrétien, et, ce qui rend la question encore plus complexe, même catholique.

G. – Et que ressort-il de cette triple coïncidence ?

R. – S'il y a communauté d'intérêt alors il y a une possibilité d'entente.

G. – Quoi, entre Hitler et Staline ? ... C'est absurde ! Impossible.

R. – En politique, il n'y a rien d'absurde ni d'impossible.

G. – Imaginons, par simple hypothèse, qu'Hitler et Staline envahissent la Pologne ...

R. – Permettez-moi d'interrompre. Une attaque ne peut qu'entraîner l'alternative suivante : la paix ou la guerre. Vous l'admettez ?

G. – Oui, et alors ?

R. – Pensez-vous que l'Angleterre et la France, avec leurs armées et leurs aviations surclassées par celles d'Hitler puissent attaquer Hitler et Staline unis ?

G. – Cela me semble très difficile ... à moins que l'Amérique ...

R. – Laissons les États-Unis de côté pour l'instant. Serez-vous avec moi d'accord que si Staline et Hitler attaquent tous les deux la Pologne, il ne peut y avoir de guerre européenne ?

G. – Votre raisonnement est logique, cela semble impossible.

R. – Dans ce cas, une attaque ou une guerre serait donc sans intérêt. Elle n'entraînerait pas la destruction des États bourgeois, et la menace hitlérienne contre l'Union Soviétique continuerait d'exister après la division de la Pologne, puisque l'Allemagne et l'U.R.S.S. se seraient renforcées au même degré. En pratique, Hitler se renforcerait même davantage, puisque l'U.R.S.S. n'a pas besoin d'un territoire agrandi ni de davantage de matières premières, alors que Hitler, lui, en a besoin.

G. – C'est une vue correcte ... mais alors il n'y a pas de solution.

R. – Si, il y a une solution.

G. – Laquelle ?

R. – Que les démocraties attaquent et n'attaquent pas l'agresseur !

G. – Qu'est-ce que vous dites ? Qu'est-ce que c'est que cette hallucination ? En même temps attaquer et ne pas attaquer ? ... C'est tout à fait impossible ...

R. – Vous le pensez ? Allons, calmez-vous ... Est-ce qu'il n'y a pas deux agresseurs ? Ne nous sommes-nous pas mis d'accord que du fait qu'ils sont deux il n'y aurait pas d'avance ? Qu'est-ce qui empêche alors l'attaque contre l'un d'eux seulement ?

G. – Que voulez-vous dire par là ?

R. – Simplement que les démocraties ne déclareront la guerre qu'à un seul agresseur, et que ce sera à Hitler.

G. – Certes, mais c'est une hypothèse gratuite.

R. – C'est une hypothèse, mais elle est fondée. Considérez ceci : tout État qui doit combattre contre une coalition d'États ennemis a pour objectif stratégique de détruire ceux-ci séparément, l'un après l'autre. C'est une règle si connue qu'elle n'a pas besoin de preuve. Aussi vous serez bien d'accord avec moi qu'il n'y a pas d'obstacles à créer de telles conditions. Je pense donc que la question que Staline ne se sente pas agressé en cas d'attaque contre Hitler est déjà réglée. N'est-ce pas ? En outre, la géographie impose cette attitude, et pour la même raison la stratégie également. Car, aussi stupides que puissent être la France et l'Angleterre en se préparant à combattre simultanément contre deux pays, dont l'un veut préserver sa neutralité alors que l'autre — même pris isolément — représente pour elles un adversaire sérieux, d'où et de quel côté pourraient-elles entreprendre une attaque contre l'U.R.S.S. ? Elles n'ont pas de frontières communes avec elle à moins de franchir l'Himalaya ... Reste évidemment le front aérien, mais avec quelles forces ? Et d'où pourraient-elles envahir l'U.R.S.S. ? Par rapport à Hitler, elles sont en infériorité sur le plan aérien. Tous les arguments que je viens de mentionner ne sont en rien secrets, mais bien connus. Comme vous le constatez, tout cela se simplifie considérablement.

G. – Oui, vos arguments semblent logiques dans le cas où le conflit se limiterait à ces quatre pays, mais en réalité il n'y en a pas seulement quatre, mais davantage, et la neutralité n'est pas une petite affaire dans une guerre sur une telle échelle.

R. – Certes, mais l'éventuelle participation de nombreux pays ne change pas le rapport des puissances. Pesez bien cela dans votre esprit, et vous verrez que la balance de puissances se conserve, même si d'autres ou éventuellement tous les États d'Europe entraient en guerre. En outre, et ceci est très important, pas un des États qui entreront en guerre aux côtés de la France et de l'Angleterre, ne pourront les priver de leur leadership, d'où il résulte que les raisons qui empêcheront celles-ci d'attaquer l'U.R.S.S. conserveront tout leur sens.

G. – Vous oubliez les États-Unis.

R. – Vous allez voir dans un moment que je ne les oublie pas. Je me limiterai à rechercher leur rôle dans la phase préliminaire du programme qui nous occupe jusqu'ici, et je dirai que l'Amérique ne pourra pas forcer la France et l'Angleterre à attaquer Hitler et Staline simultanément. Cela amènerait alors les États-Unis à devoir entrer dans la guerre dès le premier jour. Mais c'est impossible. D'abord parce que les États-Unis ne sont jamais entrés en guerre sans avoir été attaqués et qu'ils ne le feront donc pas avant. Ses dirigeants peuvent évidemment s'arranger pour qu'ils le soient, si cela leur convient. Cela, je peux vous en assurer. Dans les cas où la provocation resta sans succès et que l'ennemi ne réagit pas, on inventa alors l'agression. Dans leur première guerre internationale, celle contre l'Espagne dont ils étaient assurés de la défaite, ils inventèrent une agression, ou plus exactement, ce fut eux qui l'inventèrent. À dire vrai, on peut bien discuter techniquement s'il y en eut une, mais la règle sans aucune exception est qui attaque soudain et sans préavis le fait toujours à l'aide d'une provocation. Mais attention : cette splendide technique américaine, que j'approuve et attends, est sujette cependant à une condition : c'est que l'agression survienne à un moment convenable, c'est-à-dire au moment requis par les États-Unis qui doivent être attaqués, ce qui veut dire ... quand ils seront armés. Cette condition existe-t-elle actuellement ? Il est évident que non. Il y a actuellement en Amérique un peu moins de cent mille hommes sous les armes, et une assez faible aviation ; seule la flotte est imposante. Alors vous comprenez que l'Amérique ne puisse persuader ses Alliés d'entreprendre la guerre contre l'U.R.S.S., puisque l'Angleterre et la France n'ont de prépondérance que sur mer. Je vous ai ainsi prouvé que de ce côté là non plus, il ne peut y avoir de changement dans les forces respectives en jeu.

G. – Je suis bien d'accord, mais alors je vous demande de m'expliquer encore une fois la réalisation technique.

R. – Comme vous l'avez vu, étant donné la coïncidence des intérêts de Staline et de Hitler en ce qui concerne une attaque de la Pologne, tout revient à la formalisation de cette pleine similitude d'objectifs et à établir un pacte en vue de cette double attaque.

G. – Et vous croyez cela facile ?

R. – Franchement, non. Il faut une diplomatie qui soit plus expérimentée que celle de Staline. Cela aurait été possible avec celui que Staline a décapité ou avec cet autre qui désormais croupit à la Loubianka. Dans le temps, Litvinov en aurait été capable, bien qu'avec difficulté et que sa race aurait représenté un grand obstacle à des négociations avec Hitler, mais actuellement c'est un homme fini, et il est anéanti par une épouvantable panique : il a une crainte animale de Molotov, plus même que de Staline. Il consacre tout son talent à les assurer qu'il n'est pas trotskyste. S'il devait apprendre qu'il lui faut arranger des relations plus étroites avec Hitler, cela reviendrait pour lui à se fabriquer lui-même la preuve de son Trotskysme. Non, je ne vois personne qui soit capable d'une pareille tâche. Dans tous les cas ce devrait être un Russe de pure race. Je pourrais simplement m'offrir de le conseiller. Pour l'instant, je suggérerais à celui qui commencera les entretiens que ceux-ci restent strictement confidentiels, mais qu'ils se déroulent dans une grande sincérité apparente. Compte tenu du mur de préjugés divers qui existe, seule la véracité est capable de tromper Hitler.

G. – Encore une fois, je ne comprends pas vos paradoxes.

R. – Excusez-moi, mais le paradoxe n'est que d'apparence, c'est cette synthèse qui m'y force. Je voulais dire qu'avec Hitler il faut jouer franc jeu à propos des questions concrètes et les plus pressantes. Il faut lui montrer que l'on ne cherche pas à le pousser à la guerre sur deux fronts. Par exemple, on doit pouvoir l'assurer et lui prouver au moment le plus opportun que notre mobilisation se limitera à un petit nombre de forces, juste ce qu'il faut pour envahir la Pologne, et que ces forces ne seront pas importantes. Selon notre plan, nous devrons disposer l'essentiel de nos forces de manière à faire face à une attaque anglo-française. Staline devra en outre se montrer généreux avec les premières fournitures de matières premières qu'Hitler demandera, surtout pour le pétrole. Voilà, pour l'essentiel, ce qui m'est venu à l'esprit pour le moment. Mille autres questions de nature semblable feront surface à leur heure, qu'il faudra résoudre de façon telle qu'Hitler, constatant en pratique que nous ne cherchons qu'à occuper notre part de la Pologne, en soit bien persuadé, et comme jusque-là en pratique il ne s'agira que de cela, il sera trompé par la vérité.

G. – Mais où est la tromperie alors ?

R. – Je vais vous laisser quelques minutes pour y réfléchir afin que vous puissiez découvrir par vous-même en quoi il y a tromperie de Hitler. Mais d'abord, je veux insister sur le fait, et vous voudrez bien le noter, que le plan que je viens d'indiquer est logique et normal, et je pense qu'un tel plan doit permettre d'arriver à faire se détruire entre eux les États capitalistes, pourvu que l'on provoque un conflit brutal entre leurs deux ailes : la fasciste et la bourgeoise. Je répète que le plan est logique et normal. Comme vous avez pu le voir, il n'y a là nulle intervention de facteurs mystérieux ou inhabituels. En bref, pour que quelqu'un puisse réaliser ce plan, « leur » intervention n'est pas nécessaire.

Maintenant j'aimerais pouvoir deviner ce que vous pensez : n'êtes-vous pas en train de vous dire qu'il serait stupide de perdre son temps à vouloir prouver leur existence improuvable et la puissance qu'ils détiennent ? N'est-ce pas vrai ?

G. – Oui, en effet.

R. – Allons soyez franc. Réellement, ne constatez-vous pas leur intervention ? Je vous ai informé pour vous aider que leur intervention existe et est décisive, et que pour cette raison le caractère logique et naturel de ce plan ne sont que d'apparence…

Est-ce que vraiment vous ne les voyez pas ?

G. – Très sincèrement, non.

R. – La logique et le caractère naturel de mon plan n'existent qu'en apparence. Car ce qui serait logique et naturel, c'est que Hitler et Staline s'infligent mutuellement la défaite. Pour les démocraties, ce serait une chose simple et facile que de mettre en œuvre un tel plan. Pour elles, il leur suffirait de

« permettre » à Hitler, notez bien le terme lui permettre, d'attaquer Staline. N'allez pas me dire que l'Allemagne risquerait d'être vaincue. Si les distances en Russie et l'épouvantable crainte de Staline et de ses hommes de main de l'Axe hitlérien et la vengeance de leurs victimes ne suffisent pas à mettre l'Allemagne à genoux, rien n'empêchera les démocraties, en voyant que Staline s'affaiblit, de commencer à l'aider avec circonspection et méthode, et de poursuivre leur aide jusqu'à ce que les deux armées soient totalement épuisées. Voilà en réalité ce qui serait facile, naturel et logique, si les motifs et les buts mis en avant par les démocraties et que croient la plupart de ceux qui les suivent étaient vrais, et non pas ce qu'ils sont en fait, des prétextes.

En fait, il n'existe qu'un but, un seul, c'est le triomphe du Communisme ; ce n'est pas Moscou qui imposera sa volonté aux démocraties, mais New York. Ce n'est pas le Komintern, qui l'imposera, mais le Kapintern, sur Wall Street.

Qui d'autre que Wall Street aurait pu imposer à l'Europe une contradiction aussi évidente et aussi absolue ? Quelle force peut la mener à son complet suicide ? Une seule force le peut, et c'est l'argent. L'argent est puissance, et c'est l'unique pouvoir.

G. – Je serai franc avec vous, Rakowsky : je vous reconnais un talent exceptionnel. Vous possédez une dialectique brillante, persuasive et subtile : et lorsque cela ne suffit pas, votre imagination dispose alors des moyens de développer vos plans sous les plus belles couleurs, d'inventer de brillantes et claires perspectives. Mais tout cela, tout en provoquant mon enthousiasme, est insuffisant. Il me faut vous poser un certain nombre de questions, en posant l'hypothèse que je crois ce que vous venez de dire.

R. – Eh bien je vous donnerai mes réponses, mais à une seule condition : c'est que vous n'ajoutiez rien à mes paroles, ni n'en déduirez rien.

G. – Soit, c'est promis. Vous affirmez qu'ils empêchent ou empêcheront une guerre germano-soviétique, qui est pourtant logique du point de vue des Capitalistes ? Me suis-je bien exprimé ?

R. – Oui, c'est bien exact.

G. – Mais la réalité actuelle est bien qu'ils ont permis à l'Allemagne de réarmer et de s'étendre. C'est bien un fait. Je sais, d'après vos explications, que ceci faisait partie du plan trotskyste, qui s'est écroulé grâce au « nettoyage » qui a lieu actuellement ; aussi l'objectif est-il maintenant hors d'atteinte.

Face à la nouvelle situation, vous conseillez seulement qu'Hitler et Staline signent un pacte et se partagent la Pologne. Alors je vous demande : comment pouvons-nous obtenir une garantie qu'avec ce pacte ou sans lui, en opérant ce partage ou sans y procéder, Hitler n'attaque pas l'U.R.S.S. ?

R. – Cela ne peut pas être garanti.

G. – À quoi bon continuer la discussion alors ?

R. – Ne vous emballez pas. La menace contre l'U.R.S.S. est réelle et existe. Ce n'est pas une simple hypothèse ni une menace verbale. C'est un fait et un fait contraignant. Ils ont déjà la suprématie sur Staline, une suprématie irrécusable. Ce qui est seulement offert à Staline, c'est le choix entre les deux membres d'une alternative, le droit de choisir mais pas en toute liberté. L'attaque d'Hitler surviendra de toute manière à son initiative ; ils n'ont pas besoin de faire quoi que ce soit pour qu'elle se produise, rien d'autre que de lui laisser la possibilité d'agir. Telle est la réalité fondamentale et déterminante que vous aviez oubliée, par suite de votre tournure d'esprit par trop attachée au Kremlin ... L'égocentrisme mon cher, l'égocentrisme.

G. – Qu'est-ce à dire le droit de choisir ?

R. – Je vais vous le définir une fois encore, brièvement ou bien il y aura une attaque contre Staline, ou bien on procédera à la réalisation du plan que je vous ai exposé, suivant lequel les États capitalistes européens se détruiront mutuellement. J'ai attiré votre attention sur cette alternative, mais comme vous le voyez elle n'est que théorique. Si Staline veut survivre, il sera bien forcé de réaliser ce plan, proposé par moi et ratifié par eux.

G. – Et s'il refuse ?

R. – Il ne pourra pas le refuser. L'expansion et le réarmement de l'Allemagne vont se poursuivre. Quand Staline devra faire face à cette immense menace, que fera-t-il ? La solution lui sera alors dictée par son propre instinct de conservation.

G. – Il semble alors que les événements ne doivent se dérouler que selon leurs instructions ?

R. – Oui, tel est bien le cas. Naturellement en U.R.S.S. aujourd'hui les choses en resteront ainsi, mais un jour ou l'autre, elles se présenteront tout à fait de cette manière. Il n'est pas difficile de prédire et de suggérer quelque chose, si ce quelque chose est avantageux à celui qui doit le réaliser : dans le cas présent à Staline, qui n'est pas du genre à envisager le suicide. Il est beaucoup plus difficile de donner un pronostic et de forcer à agir dans le sens désiré quelqu'un à qui ce n'est pas profitable mais qui doit néanmoins agir, dans le cas présent, les démocraties. J'ai réservé cette information jusqu'à cet instant afin de vous donner une image concrète de la situation réelle. Rejetez donc l'idée fausse que vous seriez les arbitres dans la situation présente, car ce sont eux les arbitres.

G. – Eux, à la fois dans le premier cas et dans le second ... Alors, il nous faut traiter avec des ombres ?

R. – Les faits sont-ils des ombres ? La situation internationale va devenir extraordinaire, mais pas fantomatique : elle sera réelle, bien réelle. Il n'y a pas là de miracle. La future politique est ici prédéterminée ... Pensez-vous donc que ce soit l'œuvre de fantômes ?

G. – Enfin, voyons ... supposons que votre plan soit accepté. Mais il nous faut avoir quelque chose de tangible, de personnel, afin d'être en mesure d'entreprendre des négociations.

R. – Par exemple ?

G. – Quelqu'un muni d'un mandat, un représentant officiel.

R. – Mais pour quoi faire ? Juste pour le plaisir de faire sa connaissance ? Pour le plaisir d'une conversation ? Mettez-vous dans l'esprit que le personnage que vous évoquez, s'il se présentait, ne vous présenterait aucune lettre de créance avec sceaux et armoiries, et ne porterait pas un uniforme de diplomate, du moins s'agissant de quelqu'un venant d'eux ; s'il devait dire ou promettre quelque chose, ça n'aurait aucune force juridique ni le sens d'un pacte ... Comprenez bien qu'ils ne sont pas un État. Ils sont ce qu'était l'Internationale avant 1917, et ce qu'elle est toujours : rien, et pourtant tout. Imaginez, autant que cela soit possible, que l'U.R.S.S. entreprenne des négociations avec la Franc-Maçonnerie ou avec une organisation d'espionnage comme les Kornitadji macédoniens ou les Oustachis croates. Ces négociations seraient-elles suivies de quelque accord écrit ayant forme juridique ? Des pactes du type de celui entre Lénine et l'État-major Général allemand, ou comme le pacte de Trotsky avec eux, ont lieu sans document écrit et sans échange de signatures. La seule garantie à leur exécution tient à ce fait que l'entreprise sur laquelle on s'est mis d'accord est profitable aux deux parties qui en sont convenues. Cette garantie est la seule réalité du pacte en question, aussi grande que puisse être son importance.

G. – Par quoi commenceriez-vous dans le cas présent ?

R. – Très simple : je commencerais dès demain à sonder Berlin ...

G. – A propos d'un éventuel accord sur l'attaque de la Pologne ?

R. – Non, pas déjà ... je manifesterais simplement un désir de compromis, et je laisserais percer un certain désappointement à propos des démocraties. Je mettrais aussi la pédale douce en Espagne ... tout cela serait un encouragement ... puis alors je glisserais un mot sur la Pologne. Comme vous le constatez, rien de compromettant, mais juste assez pour qu'une partie de POKW,[6] les Bismarkistes comme on les appelle, en tirent quelques arguments à présenter à Hitler.

G. – Et rien d'autre ?

R. – Non, au début, rien de plus, et c'est déjà un grand travail diplomatique.

G. – Franchement, sachant les objectifs qui ont dominé dans la politique du Kremlin jusque maintenant, je ne vois personne qui aujourd'hui oserait conseiller un pareil changement et aussi radical dans la politique étrangère. Rakowski, je vous le propose, essayez de vous transformer par la pensée en celui qui au Kremlin aura à prendre la décision ... Sur la base de vos révélations, de vos arguments, de vos hypothèses et malgré toute votre persuasion, à mon sens il serait impossible de convaincre qui que ce soit. Moi-même, après vous avoir écouté, et en même temps c'est indéniable avoir été profondément influencé par vos explications et votre personnalité, je n'ai pas été tenté d'envisager un seul instant ce pacte Germano-Soviétique comme quelque chose de faisable.

R. – Les événements internationaux vous y

---

[6] Le Haut Commandement Allemand (*note du traducteur*)

conduiront avec une force irrésistible ...

G. – Mais les attendre serait perdre un temps précieux. Envisagez donc quelque chose de pratique, quelque chose que je puisse présenter comme une preuve de votre véracité et de votre crédibilité ... Faute de quoi, je n'oserai transmettre la teneur de notre conversation et les informations que vous m'avez fournies ; j'en rédigerais certes le compte-rendu de la manière la plus rigoureuse, mais cela irait aux Archives du Kremlin et y resterait enfoui.

R. – Est-ce qu'il ne suffirait pas de mentionner qu'on en est venu à considérer que quelqu'un, et même de la manière la plus officielle, devrait avoir un entretien avec un certain personnage très important ?

G. – Il me semble que cela serait quelque chose de concret.

R. – Oui, mais avec qui ?

G. – Ce n'est que mon opinion personnelle, Rakowsky, mais vous avez cité les noms de certains personnages, d'importants financiers ; si je me souviens bien, vous avez parlé d'un certain Schiff par exemple, puis vous en avez mentionné un autre, qui avait servi d'intermédiaire auprès d'Hitler pour son financement. Il y a aussi des politiciens ou des personnes ayant une position importante, qui sont des leurs ou, si vous préférez, qui les servent. Quelqu'un comme cela pourrait nous aider à démarrer quelque chose de concret. Connaissez-vous quelqu'un ?

R. – Je ne pense pas que cela soit nécessaire. Réfléchissez ... Sur quoi allez-vous négocier ? Probablement sur le plan que j'ai exposé, n'est-ce pas ? Et pour obtenir quoi ? Actuellement ils n'ont rien besoin de faire dans ce contexte. Leur mission « n'est pas de faire ». Et c'est la raison pour laquelle vous ne pourriez pas obtenir d'accord pour une action concrète et ne pourriez pas en demander ... Gardez cela à l'esprit attentivement.

G. – Même s'il en est ainsi à votre avis, il doit y avoir là cependant, d'après ce que vous m'avez dit, une réalité, fut-elle même inutile ... quelqu'un, une personnalité qui puisse donner confirmation et crédibilité de la puissance que vous leur attribuez ...

R. – Je vais vous donner satisfaction, bien que je sois sûr que cela soit inutile. Je vous ai déjà dit que je ne sais pas qui précisément est des leurs. Mais j'ai eu des assurances à ce sujet de la part de quelqu'un, qui dut les avoir connus.

G. – De qui ?

R. – De Trotsky. C'est de Trotsky que j'ai seulement su que l'un d'entre eux avait été Walther Rathenau, bien connu depuis Rapallo. C'est lui le dernier d'entre eux qui ait occupé une position politico-sociale en vue, car c'est lui qui brisa l'isolement économique de l'U.R.S.S. Cela, malgré le fait qu'il était l'un des plus importants millionnaires. Naturellement, cela avait été aussi le cas de Lionel Rothschild. Ce sont les deux seuls noms que je peux citer en toute assurance. Bien sûr, je pourrais en citer aussi d'autres, qui, par ce qu'ils font et de par leurs personnalités, me font certainement penser qu'ils sont tout à fait des leurs, mais je ne saurais dire ce qu'ils dirigent, ni à qui ils obéissent.

G. – Citez les noms de quelques-uns.

R. – Comme institution, il y a la banque des Kuhn, Loeb & Co, de Wall Street ; à cette banque appartiennent les familles de Schiff, Warburg, Loeb et Kuhn. Je dis familles, pour mettre en évidence plusieurs noms qui sont tous liés entre eux par des mariages : les Baruch, Frankfurter, Altschul, Cohen, Benjamin, Strauss, Steinhardt, Blom, Rosenman, Lippman, Lehman, Dreifus, Lamont, Rothschild, Lord, Mandel, Morgenhau, Ezekiel, Lasky. Cela fait, je pense, assez de noms. En pressant ma mémoire, je pense qu'il pourrait m'en revenir d'autres encore, mais je répète que j'ignore qui parmi eux fait effectivement partie d'eux, et je ne peux pas même vous assurer de l'un d'eux qu'il soit du nombre. Je ne veux pas en prendre la responsabilité. Mais ce que je pense assurément, c'est que l'une quelconque des personnes que j'ai citées, même celles ne faisant pas partie d'eux, pourrait cependant leur transmettre toute proposition importante. Mais naturellement, que cette personne quoi qu'elle soit fasse ou pas partie d'eux, il ne faut cependant pas s'attendre à une réponse directe. La réponse sera fournie par des faits. C'est la tactique qui a invariablement leur préférence, et avec laquelle on doit obligatoirement compter. Ainsi, si vous tentiez d'entreprendre des initiatives diplomatiques, adopter la méthode d'une approche personnelle auprès d'eux serait inutile : il vous suffirait de vous borner à lancer des idées, à exposer des hypothèses rationnelles, en fonction de certains facteurs définis mais inconnus. Et il suffirait ensuite d'attendre.

G. – Vous comprenez bien que je ne dispose pas actuellement d'un répertoire d'adresses où trouver tous ces gens que vous avez mentionnés. Je suppose qu'ils se trouvent quelque part mais bien loin. Où donc ?

R. – Pour la plupart aux États-Unis.

G. – Alors comprenez que si nous décidions devoir agir, cela nous prendrait beaucoup de temps. Or la question est urgente, et urgente non pas tant pour nous que pour vous !

R. – Pour moi ?

G. – Oui pour vous. Souvenez-vous que votre

procès aura lieu très bientôt. Je ne sais pas, mais je crois pouvoir avancer sans risque que, si ce dont nous avons discuté ici devait intéresser le Kremlin, il faudrait que cela les intéresse avant que vous ne comparaissiez devant le Tribunal : pour vous ce serait essentiel. Je crois donc qu'il est de votre intérêt de nous proposer quelque chose de plus rapide. La chose la plus importante est d'obtenir des preuves que vous avez dit la vérité, et cela, non pas sous un délai de quelques semaines, mais de quelques jours Si vous y réussissiez, alors cela vous donnerait d'assez solides assurances quant à la possibilité de sauver votre vie ... Dans le cas contraire, je ne réponds de rien.

R. – Alors finalement, je prendrai le risque. Savez-vous si Davis est actuellement à Moscou ? Oui, l'Ambassadeur des États-Unis.

G. – Oui, je pense, bien qu'il aurait dû repartir.

R. – Seule une situation exceptionnelle me donne le droit, contre toutes les règles comme je le constate, de faire appel à un intermédiaire officiel.

G. – Devons-nous donc penser que le Gouvernement américain est derrière tout cela ?

R. – Derrière, certes mais pas dessous ...

G. – Roosevelt alors ?

R. – Qu'en sais-je. Je ne peux que tirer des conclusions. Vous êtes constamment obnubilé par la manie de l'espionnage politique. Je pourrais inventer, pour vous satisfaire, toute une histoire : mon imagination est plus que suffisante et je dispose d'assez de dates et de faits véridiques pour donner à mon histoire une apparence de véracité et une apparence telle qu'elle semble l'évidence même. Mais les faits connus de tous ne sont-ils pas encore plus évidents ? Et vous pouvez les compléter par votre propre imagination si vous le voulez. Voyez vous-même. Souvenez-vous du matin du 24 octobre 1929. Un jour viendra où cette date apparaîtra dans l'histoire de la Révolution comme plus importante encore qu'octobre 1917. C'est ce 24 octobre qu'eut lieu l'effondrement de la Bourse de New York, le début de la fameuse « dépression », une vraie révolution. Les quatre années du gouvernement de Hoover sont des années de progrès révolutionnaires : 12 à 15 millions de travailleurs en grève. En février 1933, eut lieu le dernier contre-coup de la crise avec la fermeture des banques. Il est difficile de faire plus que ce que fit là le Capital pour briser l'Américain traditionnel, qui quant à ses bases industrielles et sur le plan économique était l'esclave de Wall Street. Il est bien connu que tout appauvrissement économique, aussi bien dans les sociétés animales que chez l'homme, entraîne un épanouissement du parasitisme, et le Capital est un grand parasite. Mais cette révolution américaine n'eut pas seulement pour unique objectif d'augmenter la puissance de l'argent pour ceux qui pouvaient en disposer, elle prétendit à bien plus. Bien que le pouvoir de l'argent soit un pouvoir politique, auparavant ce pouvoir n'avait été utilisé qu'indirectement, mais dès lors, ce pouvoir devait se transformer en un pouvoir direct. L'homme par lequel ils firent usage d'un tel pouvoir fut Franklin Roosevelt. Avez-vous compris ?

Prenez note encore de ceci : en cette année 1929, la première année de la révolution américaine, en février, Trotsky quitte la Russie ; l'effondrement de la bourse a lieu en octobre ; le financement d'Hitler est décidé en juillet de la même année 1929. Vous croyez que tout cela ce ne sont que des hasards ? Les quatre années du gouvernement de Hoover servirent à la préparation de la prise de pouvoir aux États-Unis et en Russie : là-bas au moyen de la révolution financière, et ici à l'aide de la guerre et de la défaite qui devait s'en suivre. Un bon roman, écrit avec la plus grande imagination pourrait-il vous apporter plus d'évidences ? Vous devez bien comprendre que l'exécution d'un tel plan, à une telle échelle, requiert un homme particulier qui puisse diriger le pouvoir exécutif aux États-Unis, et qui a été sélectionné par la force organisatrice et décisionnelle. Cet homme était Franklin et Eleanor Roosevelt. Et permettez-moi de vous dire que cet être bisexué n'est pas une simple ironie. Il fallait lui éviter tout risque d'une possible Dalila.

G. – Roosevelt est-il l'un d'eux ?

R. – Je ne sais pas s'il est l'un d'eux, ou bien s'il leur est soumis. Que voulez-vous savoir de plus ? Je pense qu'il était conscient de sa mission, mais je ne peux pas vous dire s'il obéissait sous la pression d'un chantage, ou bien s'il faisait partie de ceux qui dirigent réellement. Ce qui est vrai, c'est qu'il remplit sa mission, qu'il réalisa exactement tout ce qui lui avait été assigné. Ne m'en demandez pas plus, car je n'en sais pas plus.

G. – Dans le cas où l'on déciderait d'approcher Davis, sous quelle forme conseilleriez-vous de le faire ?

R. – En premier lieu, il vous faut choisir une personne comme le « baron » ; lui, pourrait servir ... Est-il encore en vie ?

G. – Je l'ignore.

R. – Bien. À vous de choisir la personne. Votre délégué doit se présenter comme un homme de confiance, pas un personnage secondaire, et le mieux serait qu'il apparaisse comme un opposant secret. Il faudra mener habilement la conversation à propos de la situation délicate (conflictuelle) dans laquelle l'U.R.S.S. a été mise par lesdites démocraties européennes, du fait de leur front uni contre le National-Socialisme, d'où la conclusion d'une alliance avec les impérialismes français et anglais — l'impérialisme contemporain réel — pour la destruction d'un impérialisme potentiel. Il faut qu'il s'exprime en des termes qui identifient la fausse position soviétique avec celle également fausse de la démocratie américaine ... qui se voit, elle aussi, forcée de soutenir l'impérialisme colonial pour défendre la démocratie en Angleterre et en France. Comme vous le constatez, la question peut se traiter sur un fondement très logique et solide. Cela fait, il est alors très facile de formuler une hypothèse d'action : la première, c'est que ni l'U.R.S.S. ni les États-Unis n'ont intérêt à l'impérialisme européen, ce qui ramène donc la dispute à une question d'hégémonie personnelle ; c'est qu'en outre, pour des raisons tant idéologiques qu'économiques, la Russie et l'Amérique désirent toutes deux la destruction de l'impérialisme colonial européen, que cela se fasse par voie directe ou indirecte. Les États-Unis pour leur compte le désirent encore plus. Si l'Europe devait perdre sa puissance dans une nouvelle guerre, l'Angleterre n'ayant pas de forces propres, de par la disparition de l'Europe en tant que force et puissance, elle pencherait alors aussitôt vers l'Amérique de tout son poids et avec celui de l'Empire, du fait de la communauté de langue, et ceci arriverait inévitablement à la fois politiquement et économiquement ...

Analysez ce que vous venez d'entendre à la lumière de la conspiration de gauche peut-on dire, et cela sans que cet exposé ait pu choquer un bourgeois américain. Une fois ce point atteint, on pourra se donner un interlude de quelques jours. Puis en ayant noté la réaction, il faudra faire un pas de plus. Maintenant Hitler se lance en avant. On peut dorénavant parler d'une agression : il est réellement l'agresseur et il n'y a plus aucun doute là-dessus. Et alors on peut donc poursuivre en posant la question : quelle action commune doit être entreprise par les États Unis et l'Union Soviétique, en vue de la guerre entre les impérialistes que veulent ceux-ci ? La réponse pourrait être la neutralité. Mais on peut encore se poser cette question : la neutralité certes, mais elle ne dépend pas seulement du désir d'une des parties, mais aussi de l'agresseur. Il ne peut y avoir de garantie à cet égard que si l'agresseur ne peut attaquer ou si cela ne lui convient pas. Dans ce but la solution infaillible est l'attaque de l'agresseur contre un autre État impérialiste. À partir de là, il est très facile d'exprimer la nécessité et l'aspect moral comme garantie de sécurité de provoquer un conflit entre les États impérialistes, au cas où ce conflit ne surviendrait pas spontanément. Et dès lors que l'idée sera acceptée sur le plan théorique, on pourra régler la question des actions pratiques à entreprendre, qui ne seront qu'affaire de technique. Voici un plan possible :

1) un accord avec Hitler pour le partage en deux de la Tchécoslovaquie et de la Pologne (ou mieux de cette dernière).
2) Hitler acceptera. S'il est capable de soutenir un bluff pour la conquête, c'est-à-dire de prendre quelque chose en étant allié avec l'U.R.S.S., cela

représentera pour lui une pleine assurance que les démocraties s'inclineront. Il sera sourd à leurs menaces verbales, car il sait que les mêmes qui essaient de l'intimider par des menaces de guerre sont en même temps des partisans du désarmement et que leur propre désarmement est réel.

3) Les démocraties attaqueront alors Hitler mais pas Staline ; elles raconteront à leurs peuples que, bien que tous deux soient coupables d'agression et d'annexion-partage, des raisons stratégiques et logiques les forcent à les battre l'un après l'autre : Hitler d'abord et ensuite Staline.

G. – Mais est-ce qu'elles ne nous tromperont pas ? ... Si elles étaient véridiques en le disant ?

R. – Mais comment le pourraient-elles ? Staline n'a-t-il pas pleine liberté d'action afin d'aider Hitler en suffisance ? Est-ce que nous ne lui mettons pas en mains la possibilité de faire poursuivre la guerre entre les Capitalistes jusqu'au dernier homme et jusqu'au dernier franc ? Avec quoi pourraient-elles l'attaquer ? Les États occidentaux épuisés auront déjà assez à faire avec la révolution communiste chez elles, qui par ailleurs a une chance de triompher.

G. – Mais si Hitler s'assurait d'une victoire rapide et que comme Napoléon il mobilise alors toute l'Europe contre l'U.R.S.S. ?

R. – Voilà qui est bien improbable. Et vous oubliez l'existence des États-Unis. Vous négligez le facteur de puissance, plus important encore. N'est-il pas naturel que l'Amérique, imitant en cela Staline, aiderait alors pour sa part les États démocratiques ? Si l'on devait coordonner contre la montre l'aide aux deux groupes de combattants, on serait assuré, à coup sûr, d'une extension continue de la guerre.

G. – Et les Japonais ?

R. – Est-ce que la Chine ne leur suffit pas ? Que Staline leur garantisse sa non-intervention. Les Japonais sont très amateurs de suicide, niais cependant pas au point d'être capables d'attaquer simultanément la Chine et l'U.R.S.S. Une autre objection encore ?

G. – Non, si cela dépendait de moi, j'essaierais ...Mais pensez-vous que le délégué ... ?

R. – J'en suis certain. Je n'ai jamais eu l'occasion de lui parler, mais veuillez noter un détail : la nomination de Davis fut annoncée en novembre 1936. On doit assumer que Roosevelt avait pensé bien plus tôt à l'envoyer, et que dans cette intention il entreprit les démarches préliminaires ; nous savons tous que l'examen de la question et les explications officielles de la nomination prennent plus de deux mois. Donc apparemment, sa nomination fut acquise en août ... Et que se passa-t-il en août ? C'est en août que Zinoviev et Kamenev furent fusillés. Je suis prêt à jurer que sa nomination s'est faite en vue d'une nouvelle implication, de leur part, dans la politique de Staline. Oui, je le pense assurément. Avec quelle agitation intérieure n'a-t-il pas dû alors entreprendre son voyage, en voyant tomber l'un après l'autre les chefs de l'opposition dans des purges successives. Savez-vous s'il assista au procès de Radek ?

G. – Oui.

R. – Vous le verrez. Entretenez-vous avec lui. Il attend cela depuis plusieurs mois.

G. – Nous devons maintenant en terminer pour cette nuit, mais avant de nous séparer je veux encore savoir quelque chose. Faisons l'hypothèse que tout ce dont nous avons parlé se vérifie et que tout se déroule avec un plein succès. « Ils » vont poser des conditions particulières. Pouvez-vous deviner de quoi il pourrait s'agir ?

R. – Ce n'est pas difficile à deviner. La première condition sera de mettre fin aux exécutions de communistes, c'est-à-dire des trotskystes comme vous les appelez. Ensuite, naturellement, ils demanderont l'établissement de plusieurs zones d'influence, comme je l'ai déjà mentionné. Ce seront les frontières qui devront délimiter le Communisme formel du Communisme réel. C'est la condition la plus importante. Il y aura là des concessions réciproques, pour une aide temporaire mutuelle pendant la durée du plan et le cours de son exécution. Vous constaterez par exemple ce phénomène paradoxal que tout un tas de gens, ennemis de Staline, se mettront à l'aider ; sans qu'il doive s'agir nécessairement de prolétaires ni d'espions professionnels. Des personnes d'influence apparaîtront à tous niveaux de la société, même à des niveaux très élevés, qui se mettront à aider le Communisme formel stalinien, à partir du moment où il deviendra, sinon réel, mais du moins un Communisme objectif. M'avez-vous compris ?

G. – Un peu. Vous enveloppez ces choses sous une casuistique si impénétrable.

R. – S'il nous faut en terminer, je ne peux que m'exprimer de cette manière. Mais voyons si je ne peux cependant pas vous aider à mieux comprendre. Il est bien connu que le Marxisme s'est appelé hégélien. C'est ainsi que s'est vulgarisée cette doctrine. L'idéalisme hégélien est une variante, répandue pour l'esprit occidental mal informé, du mysticisme naturel de Spinoza. Eux sont spinosistes, ou peut-être devrait-on plutôt dire à l'inverse que le Spinosisme c'est eux, en ce sens qu'il ne fut qu'une version, appropriée à l'époque, de leur propre philosophie, qui, elle, est beaucoup plus ancienne et d'un niveau beaucoup plus élevé. Après tout, un hégélien et pour cette raison même un adepte de Spinoza était fidèle à sa foi, mais seulement temporairement, tactiquement. La question ne se situe pas comme le prétend le Marxisme, à savoir que la synthèse s'élève comme le résultat de l'élimination des contradictions. C'est comme résultat d'une fusion mutuelle des opposés que de la thèse et de l'antithèse s'élève en tant que synthèse la réalité, la vérité, comme une harmonie finale entre ce qui est subjectif et objectif.

N'apercevez-vous pas cela déjà ? À Moscou, il y a le Communisme, à New York le Capitalisme : c'est la thèse et l'antithèse. Analysez alors l'un et l'autre. Moscou, c'est le Communisme subjectif mais aussi le Capitalisme objectif, le Capitalisme d'État. New York, c'est le Capitalisme subjectif, mais le Communisme objectif. Une synthèse existe sur un plan personnel, la vérité : c'est la Finance Internationale, celle du Capitalisme-Communisme, c'est eux.

L'entretien avait duré environ six heures. J'avais donné une deuxième fois de la drogue à Rakowsky. La drogue à l'évidence opéra bien, quoique je ne pus le vérifier que par certains symptômes d'animation. Mais je pense que Rakowsky aurait parlé exactement de la même manière s'il avait été à l'état pleinement normal. Manifestement, le sujet de la conversation touchait à sa spécialité, et il était passionné d'exposer ce dont il avait parlé. Car si ce qu'il disait était vrai, il avait alors de tous ses efforts tenté de faire triompher ses idées et son plan. Et si c'était faux, c'était la marque d'une imagination extraordinaire, et cela constituait alors une formidable manœuvre pour sauver sa vie déjà pratiquement perdue.

J'étais d'opinion que ce que j'avais entendu ainsi ne pouvait guère avoir d'importance. Je ne suis pas doté d'une érudition suffisante pour en comprendre l'universalité et les perspectives. Lorsque Rakowsky aborda la partie la plus importante de son sujet, je ressentis la même impression à ce moment-là que lorsque je vis pour la première fois ma propre radiographie sur l'écran de l'appareil à rayons X ... Mes yeux étonnés virent apparaître quelque chose de trouble et de sombre, quoique réel. Quelque chose comme une apparition. Il me fallait coordonner l'image et les mouvements, les corrélations et les actions jusqu'au degré où il fût possible de deviner à l'aide de l'intuition logique ce dont il s'agissait.

Je pense que je venais d'observer pendant plusieurs heures « une radiographie de la révolution » à l'échelle mondiale. Il est possible que cela ait en partie échoué, ou ait été déformé par suite des circonstances et des personnalités qui la reflétaient. Ce n'est pas pour rien en effet que le mensonge et la dissimulation sont permis dans la lutte révolutionnaire et y sont acceptés comme la norme de moralité. Et Rakowsky, en tant que dialecticien passionné doué d'une grande culture et orateur de toute première classe, est d'abord et avant tout un révolutionnaire fanatique.

J'ai relu la conversation à de nombreuses reprises, et chaque fois j'ai ressenti mon incompétence sur ces questions. Ce qui m'avait semblé jusque-là pour moi et pour le monde entier être la vérité et la réalité d'évidence, aussi ferme que des blocs de granit, ce sur quoi l'ordre social s'établit comme sur le roc immuable et permanent, tout cela se mua alors en un épais brouillard. Apparaissaient là des forces colossales, incommensurables et invisibles, dotées d'un impératif catégorique, et en même temps désobéissantes, menteuses et titanesques : quelque chose comme le magnétisme, l'électricité ou l'attraction de la terre. En présence de cette révélation phénoménale, je me sentais comme un homme de l'Age de pierre, la tête encore toute pleine des superstitions primitives concernant les phénomènes de la nature, qui aurait été soudain transporté un soir dans le Paris actuel. Et je suis encore plus stupéfait qu'il pourrait l'être.

À bien des reprises, je me refusai d'admettre cette histoire. Au départ, je me persuadai que tout ce que racontait Rakowsky n'était que le fruit de son imagination. Mais même m'étant convaincu ainsi être le jouet de l'un des plus grands romanciers du monde, c'est en vain que je cherchais à trouver par quelles forces suffisantes, par quelles raisons logiques et par quels gens dotés de personnalités assez puissantes, pouvoir alors expliquer les gigantesques progrès de la Révolution. Je dois avouer que si ce furent par les seules forces, les seules raisons et les seules personnes qui sont officiellement mentionnées dans les récits d'Histoire, alors il me faut déclarer que la Révolution est un miracle de notre époque.

Mais non, en écoutant Rakowsky il m'était impossible d'admettre qu'un petit groupe de Juifs qui émigrèrent de Londres aient réussi à faire que cette « apparition de la révolution » que Marx appelait de ses vœux aux premières lignes du Manifeste fût devenue aujourd'hui une gigantesque réalité et une menace universelle. Que ce que Rakowsky avait narré soit vrai ou non, que le secret et la force réelle du Communisme soit le Capital International, reste que la vérité d'évidence pour moi est que Marx, Lénine, Trotsky et Staline sont une explication bien insuffisante des événements. Ces gens évoqués, que Rakowsky nomme « eux », avec une révérence quasi religieuse dans la voix, sont-ils réels ou fantastiques, telle est la question. Mais s'ils n'existent pas, alors il me faut dire d'eux ce que Voltaire disait de Dieu : « Il nous faudrait l'inventer », car il n'y a que dans une telle hypothèse que puisse s'expliquer l'existence, l'étendue et la puissance de cette Révolution mondiale.

Quoi qu'il en soit, je n'ai aucune chance de la voir. Ma position ne me permet pas d'envisager avec beaucoup d'optimisme la possibilité pour moi de survivre à plus ou moins brève échéance. Mais ce suicide des États bourgeois d'Europe dont parla Rakowsky et qu'il prouve être inévitable, serait bien pour moi, qui ai été initié à ce secret, la preuve magistrale et définitive.

Après que Rakowsky eut été ramené à sa cellule, Gabriel resta un certain temps plongé dans ses pensées. Je le regardai, mais sans le voir, et en fait mes propres idées et conceptions avaient perdu pied, étaient en quelque sorte en suspens.

« Comment considérez-vous tout cela ? » demanda Gabriel. « Je ne sais pas, je ne sais pas », répliquais-je, et c'était vrai.

Mais j'ajoutai : « Je pense que voilà un homme étonnant, et si nous avons affaire à une falsification, alors elle est extraordinaire ; en tout cas c'est un trait de génie ».

« C'est pourquoi, si nous avons le temps, nous devrons avoir là-dessus un échange de vues ... je m'intéresse toujours à votre opinion en tant que celle d'un profane et celle d'un médecin. Mais maintenant, il faut mettre sur pied notre programme. J'ai besoin de vous en tant que spécialiste, mais comme d'un homme modeste. Ce que vous avez entendu du fait de votre fonction un peu particulière est peut-être du vent et de la fumée que le vent emportera, mais ce peut être aussi quelque chose dont l'importance est insurpassable. Une terminologie restrictive est ici inappropriée. Étant donné cette possibilité, un puissant sentiment de prudence me force à limiter le nombre de personnes qui en soient au courant. Pour le moment, il n'y a que nous deux qui sachions. L'homme qui a manipulé l'appareil d'enregistrement ne connaît pas le français. Et le fait que nous n'ayons pas parlé en russe ne fut pas un caprice de ma part. En bref, je vous serais reconnaissant d'être le traducteur. Dormez quelques heures. Et dès que possible mettez-vous à la traduction et écrivez la conversation que le technicien reproduira pour que vous l'écoutiez. Ce sera un travail difficile. Je vais donner des instructions pour qu'il se mette d'accord sur l'heure avec vous. Vous ne savez pas dactylographier, et l'enregistreur devra donc fonctionner très lentement. Quand vous aurez achevé la version française, je la lirai. Il faudra ajouter quelques remarques et épigraphes : je le ferai. Pouvez-vous vous servir d'une machine à écrire ? »

« Très mal, seulement en tapant avec deux doigts. »

« Bien, débrouillez-vous ainsi tout de même. Mais faites, je vous prie, le moins de fautes possible. »

Gabriel appela le technicien. Nous nous mîmes d'accord pour commencer à 11 heures, et il était déjà 7 heures. Je pars dormir un peu. On m'appela ponctuellement. Nous nous installâmes dans mon petit bureau. Gabriel m'avait demandé de faire deux exemplaires de la traduction. J'en fis trois, pour en garder un pour moi. Je pris le risque car il était parti pour Moscou. Je ne regrette pas d'en avoir eu le courage.

ÉPILOGUE

Comme on le sait, Staline suivit les conseils de Rakowsky. Il fit un pacte avec Hitler. Et la IIe guerre mondiale servit uniquement les intérêts de la Révolution.

Le secret de ces changements de politique peuvent être compris à la lumière d'une conversation ultérieure entre Gabriel et le Dr. Landowsky qui figure dans un chapitre postérieur du livre Symphonie en rouge majeur. En voici quelques brefs extraits.

Gabriel – Vous souvenez-vous de la conversation avec Rakowsky ? ... Savez-vous qu'il ne fut pas condamné à mort ? Bien, sachant tout cela, vous ne serez pas surpris que le Camarade Staline ait cru sage de tenter ce plan en apparence si étrange ... Avec ce plan, on ne risque rien, et au contraire on peut gagner beaucoup ... Pressez votre mémoire, et vous serez à même de comprendre bien des choses.

Le Docteur – Je me souviens assez bien de tout. N'oubliez pas que j'ai entendu la conversation à deux reprises, que je l'ai écrite les deux fois, et qu'en plus je l'ai traduite ... Puis-je savoir si vous connaissez les gens que Rakowsky évoquait par ils ou par eux ?

Gabriel – Pour vous manifester ma confiance je vous répondrai que non ! Nous ne savons pas en toute certitude qui ils sont, mais finalement une grande part de ce que dit Rakowsky s'est vu confirmé ; par exemple, il est exact que Hitler fut financé par les banquiers de Wall Street. Beaucoup de ce qu'il dit encore s'est avéré également vrai. Tous ces mois au cours desquels je ne vous ai pas vu, je les ai consacrés à une investigation relative aux informations de Rakowsky. Il est vrai que je n'ai pas réussi à déterminer précisément qui font partie de ces remarquables personnages, mais c'est un fait qu'il existe là une espèce de cercle constitué de financiers, de politiciens, d'hommes de science, et même d'ecclésiastiques de haut rang, très riches et puissants, qui occupent des postes élevés. Si l'on doit juger de leur idéologie par ses résultats (essentiellement en tant qu'ils sont des intermédiaires), elle semble étrange et inexplicable, du moins à la lumière des conceptions usuelles ... puisqu'en fait celle-ci offre une grande similitude avec l'idéologie communiste. Bien sûr, il s'agit d'idées communistes très particulières. Mais laissons de côté ces questions concernant leur caractère, leur genre d'affaires et leur profil ; reste qu'objectivement, selon l'expression de Rakowsky, ceux-ci, imitant Staline aveuglément dans ses actions et ses erreurs, édifient le Communisme. Ils suivirent l'avis de Rakowsky presque à la lettre. Il ne se passa rien de concret, mais ils n'opposèrent pas de refus et ils ne déchirèrent pas leurs vêtements d'horreur. Bien au contraire, ils écoutèrent tout avec une grande attention. L'Ambassadeur Davis évoqua avec précaution les procès passés, et alla même jusqu'à suggérer que l'on gagnerait beaucoup dans l'opinion publique américaine par une amnistie rapide en faveur de Rakowsky. Il fut très observé durant les procès en mars. Comme de naturel il assista en personne à tous. Nous ne l'autorisâmes pas à se faire accompagner de techniciens, pour éviter tout risque qu'ils « télégraphient » avec les accusés. Lui n'est pas un diplomate professionnel et il ne connaît pas les techniques particulières. Il se vit donc obligé de regarder les accusés tout le temps, essayant de leur parler le plus possible avec les yeux selon moi, et nous pensons qu'il réussit à stimuler le moral de Rosenholz et de Rakowsky. Ce dernier confirma l'intérêt que Davis lui avait manifesté durant le procès, et confessa qu'il lui avait fait un signe secret de salut maçonnique. À la suite de quoi il y eut encore une chose étrange, qui ne peut être objet de falsification. Le 2 mars, à l'aube, on reçut un message radio d'une station très puissante disant : « Amnistie, ou bien le danger Nazi va s'accroître » … Le radiogramme était chiffré avec le chiffre de notre ambassade à Londres. Vous pouvez imaginer qu'il s'agissait donc de quelque chose de très important.

Le Docteur – Mais la menace n'était pas réelle ?

G. – Comment donc pas réelle ? C'est le 12 mars que se terminèrent les débats du Tribunal Suprême, et à 9 heures le même soir le Tribunal commença ses délibérations. Et le même 12 mars à 5 heures 30 du matin, Hitler ordonna à ses divisions blindées de pénétrer en Autriche. Naturellement ce fut une simple promenade militaire !

Tout cela faisait-il matière suffisante à réflexion ? Ou bien devions-nous être assez stupides pour considérer le salut discret de Davis, le radiogramme, le chiffre, la coïncidence de l'invasion avec le verdict et aussi le silence de l'Europe comme étant de simples hasards ?

Non, de fait nous ne les avons pas vus, mais nous avons entendu leur voix, et compris leur langage.

Fin du chapitre

Comité Central du Parti Communiste en 1917

Central Committee of the Communist Party in 1917

A. Rykov 1881-1938
Soviet Premier
Shot

N. Bukharin 1888-1938
Politburo
Shot

Y. Sverdlov 1885-1919
President CC
Typhoid

J. Stalin 1879-1953
General Secretary
Cerebral Hemorrhage

G. Zinoviev 1883-1936
Politburo
Shot

M. Uritsky 1873-1918
NKVD
Civil War

L. Trotsky 1879-1940
Commissar Red Army
Assassinated

L. Kamenev 1883-1936
Chairman CC
Shot

V. Lenin 1870-1924
Soviet Premier
Stroke

A. Kollantai 1872-1952
Ambassador Norway
Heart Attack

I. Smilga 1892-1938
Military Rev. Comm.
Shot

A. Joffe 1883 - 1927
Commissar Foreign Affairs
Suicide

V. Nogin 1804-1926
CPC
Natural causes

A. Bubnov 1883-1940
Directorate Red Army
Died in prison

F. Dzerzhinsky 1877-1926
Comm. NKVD
Heart Attack

M.K. Muranov 1873-1959
CC
Natural Causes

G. Lomov 1888-1938
VSNKh
Shot

S. Shaumyan 1878-1918
Baku CPC
Civil War

J. Berzin 1890-1935
NKVD
Strangled

V. Milyutin 1884-1937
VSNKh
Shot

S. Artem 1883-1921
Comm. NKVD
Train Crash

E. Stassova 1873-1966
Secretary CC
Natural Causes

N. Krestinsky 1883-1938
Comm. Intl. Affairs
Shot

P. Dzhaparidze 1880-1918
Baku CPC
Civil War

G. Sokolnikov 1886-1939
Commissar for Finances
Died in prison

A.S. Kiselev (1879-1937)
VSNKh
Shot

(près de Leningrad : des volontaires espagnols de la Division Azul,... et des volontaires flamands de la de la Vrijwilligerslegioen Vlaanderen. L'Union Européenne avant l'heure...)

(près de Leningrad, des Espagnols de la Division Azul tirent un canon antichar de 37mm)

NOTE DE G. KNUPFER

Il serait superflu d'ajouter un long commentaire. Qu'il suffise d'énoncer l'évidence : c'est l'un des documents politiques les plus importants du siècle. Beaucoup d'entre nous connaissaient depuis des décennies les faits rapportés ici, mais c'est la première fois que nous en obtenons l'aveu circonstancié et détaillé par quelqu'un qui faisait partie du cercle très restreint des véritables organisateurs du complot. À l'évidence Rakowsky était l'un d'eux.

L'évidence interne de ce document et le fait que les événements ultérieurs se déroulèrent exactement selon le plan indiqué constituent une double preuve de la véracité de cette histoire. L'ouvrage dont ce texte est tiré est un document essentiel pour tous ceux qui veulent comprendre les événements qui surviennent dans le monde et leur cause, et aussi pour apprendre à connaître ce qui seul peut stopper les conquêtes de la révolution : le pouvoir exclusif d'émission des monnaies doit impérativement être rendu aux États, et cela partout. Si on ne le fait pas à temps, le Communisme vaincra.

JOSEF LANDOWSKY

Symphonie en Rouge Majeur

www.ingramcontent.com/pod-product-compliance
Lightning Source LLC
Chambersburg PA
CBHW051109160426
43193CB00010B/1373